El autor Juan José Bestard Perelló, casado con dos hijos, nació en 1959 en Palma de Mallorca (España). Es Licenciado en Medicina y Cirugía (UAB), Licenciado en Derecho (UCM), Master en Administración y Dirección de Empresas (ICADE), Máster en Salud Pública (Administración Sanitaria) (UAM), Especialista en Medicina Preventiva y Salud Pública (MIR) y experto por la Universidad Johns Hopkins de USA. Ha impartido un considerable número de cursos y centenares de conferencias.

Autor y/o coautor en 47 publicaciones. Como coautor, las dos últimas:

- Capítulo: Derecho y legislación básica en materia de salud y primeros auxilios, en centros docentes de menores. Curso de Educación para la salud en docentes. ICOMEM y Fundación Mapfre. Madrid. 2015[1]
- Capítulo: La gestión del conocimiento a través de la teoría de la innovación. La telemedicina. Del libro: La gestión sanitaria orientada hacia la calidad y seguridad de los pacientes. Fundación Mapfre. Madrid 2017. ISBN-13: 978-8498446333

Como autor único, las cuatro últimas:

- *La asistencia sanitaria pública*. Editorial Díaz de Santos. Madrid. 2015. ISBN-13: 978-8499699776
- *De lo público a lo privado y viceversa. Síndrome de Pupri.* Madrid. 2016. Avalaible from Amazon.com, Amazon.es. ISBN-13: 978-1539432333
- *Mitos del Absentismo y el factor K.* Avalaible from Madrid 2017. Amazon.com, Amazon.es. ISBN-13: 978-1976137693
- *La eutanasia en España (2ª edición). Visión jurídica 2019.* Avalaible from Madrid 2019. Amazon.com, Amazon.es. ISBN-13: 978-1097301508

Para contactar con el autor utilice el email: eutanasia_spain@hotmail.com

---

[1] http://portal.uned.es/pls/portal/docs/PAGE/UNED_MAIN/ LAUNIVERSIDAD/ VICERRECTORADOS/ SECRETARIA/ACUERDOS%20DEL%20CONSEJO%20DE%20GOBIERNO/ 28%20DE%20FEBRERO%20DE%202017/2.1.7._FIRMADO.PDF

La eutanasia en España
(3ª Edición)

Autor Juan José Bestard Perelló

Abogado y médico

Madrid, 2019

JUAN JOSÉ BESTARD PERELLÓ

La eutanasia en España

(3ª Edición) Visión jurídica 2019.
Derecho Sanitario

Autor: Juan José Bestard Perelló. Madrid. Año 2019
Reservados todos los derechos

1ª edición año 2018
2ª edición año 2019, mayo
3ª edición año 2019, octubre

«No está permitida la reproducción total o parcial de este libro, ni su tratamiento informático, ni la transmisión de ninguna forma o por cualquier medio, ya sea electrónico, mecánico por fotocopia, por registro u otros métodos, sin el permiso previo y por escrito de los titulares del Copyright.»

Available from Amazon.com and other retail outlets
Available from Amazon.com and other online stores
Available from Amazon.com and other book stores
Available from Amazon.com, CreateSpace.com, and other retail outlets

ISBN-10: 1697148093
ISBN-13: 978-1697148091
Registro PI: M-6820/2019

Corrección ortotipográfica y de estilo: Annia Barrio Cutiño
Fotocomposición: Annia Barrio Cutiño
Diseño de cubiertas: Annia Barrio Cutiño
Diseño de portada, mediante CreateSpace: Annia Barrio Cutiño
Ilustración portada: Annia Barrio Cutiño de https://es.123rf.com/ imágenes-de-archivo/26621511_m bajo licencia
Ilustración interna: Annia Barrio Cutiño de https://es.123rf.com/ imágenes-de-archivo/101526421_s bajo licencia

Printed by CreateSpace, An Amazon.com Company

Agradecimientos

A la Sociedad Española de Cuidados Paliativos (SECPAL)

Presentación 3ª edición

La situación legal de la eutanasia en España no ha sufrido ningún cambio desde la publicación de la 2ª edición de este libro, en el mes de mayo de 2019, sin embargo, la necesidad de información y debate se ha visto notablemente incrementada desde que el actual Presidente de Gobierno de España, en funciones, haya insistido en su próxima legalización.

La segunda edición aclaró que la "Proposición de Ley de derechos y garantías de la dignidad de la persona ante el proceso final de su vida", que entró en el Senado el 4 de enero de 2019, nada tiene que ver con la eutanasia.

Es evidente que la eutanasia no está suficientemente debatida, hablada y discutida, sin pudor ni apriorismos. La cuestión no es ganar la guerra del relato, ni querer tener la razón a toda costa, se trata de escuchar todas las razones, de atender el gran abanico de sensibilidades en el seno de la sociedad y de observar otros valores que los propios.

La Sociedad Española de Cuidados Paliativos me invitó a participar en las XIII Jornadas Internacionales de la Sociedad Española de Cuidados Paliativos del 25 al 26 de octubre de 2019. Me propusieron participar en la Mesa 4: Autonomía y toma de decisiones en el final de la vida, con una ponencia sobre la Eutanasia en el Derecho Sanitario.

Con objeto de mejorar la comprensión de la ponencia y poder tratar ampliamente la eutanasia en el derecho sanitario en las Jornadas de SECPAL decidí ampliar el contenido del material que se entregará a los asistentes de dichas Jornadas, lo cual me permite también mejorar el libro en esta tercera edición.

Esta tercera edición reorganiza y amplia el Capítulo 2 pasando de "La Eutanasia definición y marco" a "Los bienes jurídicos. Definición y marco de la eutanasia".

Esta tercera edición reorganiza y amplia el Capítulo 3, juntando en uno solo los anteriores Capítulo 3 y Capítulo 4, con distinta estructura y organización y a lo cual se le suma el nuevo apartado "Relación entre el suicidio asistido eutanásico y la eutanasia, en España".

En esta revisión se describe el tipo del artículo 143.4 del Código Penal como un supuesto de *suicidio asistido eutanásico*, distinto de la eutanasia. Se trae a colación de debate doctrinal entre la eutanasia pasiva y la activa.

El Capítulo 5 "La Eutanasia y el Derecho sanitario" se amplía notablemente y se reorganiza en distintos apartados.

Presentación 2ª edición

El marco jurídico y las normas van evolucionando día a día, situándose por detrás de la realidad social. Las leyes se someten a cambios o derogaciones y aparecen nuevas normas en el ordenamiento jurídico.

Lo referente la eutanasia en España no ha sufrido ningún cambio desde la publicación de la 1ª edición de este libro, en el mes de noviembre de 2018.

En el mes de enero de 2019 el Congreso de los Diputados remitió al Senado la proposición de ley de derechos y garantías de la dignidad de la persona ante el proceso final de su vida, relativa a lo que en medicina recibe el nombre de "cuidados paliativos".

La eutanasia y los "cuídalos paliativos" son cuestiones bien distintas, matización que advierte reiteradamente la Sociedad Española de Cuidados Paliativos (SECPAL) y tal como recordó Doña Ana María Tordable Ramírez, miembro de la junta directiva de SECPAL, en la conferencia sobre Cuidados Paliativos que impartió el día 10 de abril de 2019 en el Ilustre Colegio de Abogados de Madrid.

Esta segunda edición del libro incorpora el texto íntegro de proposición de ley de derechos y garantías de la dignidad de la persona ante el proceso final de su vida, así como el listado de toda la normativa autonómica relativa al contenido de la proposición de ley. También incorpora un nuevo capítulo (capítulo 6) sobre los Cuidados Paliativos, en el cual se definen.

Esta segunda edición también hace alguna referencia a los resultados del informe del Gobierno de Canadá "Fourth Interim Report on Medical Assistance in Dying in Canada" sobre la aplicación de la eutanasia en este país. De igual forma, esta nueva edición introduce referencias en relación a la eutanasia en Alemania.

Se retira de la 1º edición a Argentina de los países con variantes de eutanasia, por entender que en sentido riguroso tal clasificación no se ajusta lo que ocurre en este país, en la fecha de publicación de este libro.

Al final del Capítulo 2 se ha completado el Marco Internacional, se ha hecho una tabla comparativa entre países y se ha incorporado un cuadro esquemático que pretende brindar, al lector, una pequeña ayuda en la búsqueda de una definición de la eutanasia.

El cuerpo principal del libro no ha sufrido modificaciones, aunque si se amplían las conclusiones (capítulo 7).

Presentación 1ª edición

Este ensayo, La eutanasia en España (Visión jurídica 2018), nace del documento que preparé para mi intervención en la Mesa redonda en el Encuentro de posicionamiento estratégico de la Sociedad Española de Cuidados Paliativos "por la atención al final de la vida y el derecho a decidir". 27 de septiembre de 2018.

La cuestión de la eutanasia ha vuelto al escenario público gracias a la admisión a trámite en el mes de mayo en el Congreso de los Diputados de una proposición de ley del PSOE para despenalizar la eutanasia.

Los mensajes que nos llegan de los políticos en aras de la simplificación pierden grados de calidad y pueden llegar a generar confusión. La eutanasia es un fenómeno entendido de forma muy distinta en función de quien lo trate.

En España junto con a tres países de la Unión Europea (Alemania, Austria y Dinamarca) y Noruega se tolera la figura de la cooperación no necesaria o la complicidad en el suicidio asistido, una forma de entender un cierto tipo de eutanasia.

La sociedad se ve bombardeada por discursos dúctiles que buscando una cierta trasgresión de lo tradicional elevan a categoría de derecho lo que ahora, hoy por hoy, es un delito. Sin duda a nadie se le escapa la complejidad de este proceso de cambio y que los bienes jurídicos son previos a la ley que crea el derecho que los protege.

Es evidente que la consideración del sufrimiento humano y el empeño por mitigarlo ocupa gran parte de nuestras vidas, es por ello que se debe estar atento frente a la simplificación habitual del político cuando en la brevedad de su discurso asimila un acto de despenalización con su traducción inmediata a la creación de un derecho exigible o lo que es más complejo todavía, al nacimiento de una prestación de la Seguridad Social.

La cuestión de la eutanasia está íntimamente vinculada con las creencias de las personas y con su más profunda intimidad moral y ética, lo cual exige tratar los puntos de vista que sobre esta materia pueden surgir con suma prudencia y respeto.

Juan José Bestard Perelló

Índice general de temas

cap.   pág.

Presentación 3ª edición
Presentación 2ª edición
Presentación 1ª edición
Índice general de temas
Índice de Tablas y Figuras
Glosario de abreviaturas

Introducción 1

1 Explicación de la obra 9

    Justificación 9

    Contexto actual y utilidad 12

    Revisión en 2ª edición 16

    Revisión en 3ª edición 17

2 Los bienes jurídicos. Definición y marco de la eutanasia 19

    Los bienes jurídicos protegidos 19

    Definición de Eutanasia 23

    Marco internacional de la eutanasia 27

3 La eutanasia y el ordenamiento jurídico español — 37

Ubicación jurídica de la eutanasia o de la conducta eutanásica en España — 37

El suicidio cooperado en el Código Penal y la eutanasia — 40

La existencia de "La inducción" en el suicidio asistido — 43

La existencia de "La cooperación necesaria" en el suicidio asistido — 44

La existencia de "La cooperación ejecutiva" en el suicidio asistido — 46

El *suicidio asistido eutanásico* — 48

Relación entre el *suicidio asistido eutanásico* y la eutanasia, en España — 53

4 La eutanasia y el derecho sanitario — 65

Derecho sanitario — 65

Ubicación de la conducta eutanasia en el derecho sanitario — 69

La despenalización de la eutanasia y el nuevo escenario en el derecho sanitario — 74

5 Cuidados Paliativos — 79

Origen. El legado de Cicely M. Saunders — 80

Conceptos previos a la definición de los Cuidados Paliativos — 86

Cuidados Paliativos — 95

La guía de los Cuidados Paliativos — 96

Diferencias entre Cuidados Paliativos y eutanasia — 99

6 Conclusiones — 103

Índice analítico de voces — 109

Índice de anexos

Anexo I.	Lo político la política y la política sanitaria	121
Anexo II.	Proposición de Ley de derechos y garantías de la dignidad de la persona ante el proceso final de su vida admitida por el Senado el 4 de enero de 2019	128
Anexo III.	Iniciativa legislativa autonómica relativa a la dignidad de la persona en el proceso de la muerte	157
Anexo IV.	Listado de referencias en internet sobre las fuentes de la despenalización de la eutanasia y el suicidio asistido en el marco internacional	159
Anexo V.	Artículo 3 de la Ley 41/2002 de 14 de noviembre, básica reguladora de la autonomía del paciente y de derechos y obligaciones en materia de información y documentación clínica	160
Anexo VI.	Ley Orgánica 15/1999, de 13 de diciembre, de Protección de Datos de Carácter Personal. Artículo 3	161
Anexo VII.	Ley orgánica 10/1995, de 23 de diciembre, del Código Penal (Art. 143) en comparación con (Art. 409 Ley 44/1971)	163
Anexo VIII.	Artículo 11. Instrucciones previas. Ley 41/2002 de 14 de noviembre, básica reguladora de la autonomía del paciente y de derechos y obligaciones en materia de información y documentación clínica	166
Anexo IX.	Real Decreto 124/2007, de 2 de febrero, por el que se regula el Registro nacional de instrucciones previas y el	167

	correspondiente fichero automatizado de datos de carácter personal	
Anexo X.	Normativa autonómica relativa a las Instrucciones previas o voluntades anticipadas. Ordenado por Comunidad Autónoma: cronológicamente por la norma de mayor rango que aparece en cada una de estas	176
Anexo XI.	Ley orgánica 10/1995, de 23 de diciembre, del Código Penal (Aplicación de las penas Art 61 a 71)	180
Anexo XII.	Reseñas del libro: La Asistencia Sanitaria Pública. Diaz de Santos. Madrid 2015 (págs. 81, 159 y 246)	181
Anexo XIII.	Definition of Palliative Care by European Association for Palliative Care	183

Índice de Tablas y Figuras

Tablas

Tabla 1.	Escenario internacional de la despenalización de la eutanasia y del suicidio asistido	29
Tabla 2.	Modelos de despenalización. Cuadro comparativo por países	32
Tabla 3.	Preguntas para contestar a ¿qué es la eutanasia para usted?	34
Tabla 4.	El artículo 143 del Código Penal en España	51
Tabla 5.	Diferencias entre Cuidados Paliativos y eutanasia	100

Figuras

Figuras 1.	Artículo 143. Título I Del Homicidio y sus formas. Código Penal de 1995. España	52

Glosario de Abreviaturas

AECC	Asociación Española contra el Cáncer
C.c.	Código Civil español
CGCOM	Consejo General de Colegios Oficiales de Médicos
CP	Código Penal español
CE	Constitución española de 1978
DVA	Documento de voluntades anticipadas
ICADE	Instituto Católico de Administración y Dirección de Empresas
ICAM	Ilustre Colegio de Abogados de Madrid
ICOMEM	Ilustre Colegio Oficial de Médicos de Madrid
LECr	Ley de Enjuiciamiento Criminal
LET	Limitación al esfuerzo terapéutico
MIR	Médico interno residente
OCDE	Organización para la Cooperación y Desarrollo Económicos
OMC	Organización Médica Colegial
OMS	Organización Mundial de la Salud
ONU	Organización de Naciones Unidas
PP	Partido Popular
PSOE	Partido Socialistas Obrero Español
SECPAL	Sociedad española de cuidados paliativos
SNS	Sistema Nacional de Salud
UAB	Universidad Autónoma de Barcelona
UAM	Universidad Autónoma de Madrid
UCM	Universidad Complutense de Madrid
UE	Unión Europea
USA	The United States of America

Juan José Bestard Perelló

Introducción

""You matter because you're you, and you matter to the end of your life. We will do all we can not only to help you to die peacefully, but also to live until you die"
Cicely M. Saunders (1918-2005)

Hablar de eutanasia y tratarla jurídicamente obliga a referirse a la vida y a la muerte lo cual lleva a la consideración de la vida como bien jurídico protegido. También podríamos hacerlo desde una perspectiva ética y moral, pero esta no es la misión ni tampoco la intención del autor de este escrito, como tampoco lo es la valoración política [2, anexoI], de la eutanasia pues tan solo se describe de la forma más sencilla posible, breve y dogmáticamente[3], la realidad con

---

[2] El autor incorpora al final del documento en el Anexo I un artículo que publicó en mayo de 2014 en el Blog Healthcare Gazette y que recientemente ha sido cambiado al blog www.sanitaslege.com. Este artículo explica al lector el sentido que tiene para el autor lo político y la política

[3] La dogmática jurídica (para otros, ciencia del derecho) puede caracterizarse como la disciplina comúnmente denominada "doctrina" que determina y describe el material tenido por

la que el ordenamiento jurídico español aborda esta cuestión.

La teoría del derecho ha considerado los derechos y los bienes jurídicos cosas distintas[4]. El Tribunal Constitucional español en su sentencia 53/1985 de 11 de abril optó por ponderar los bienes y derechos en función del supuesto planteado, lo que nos induce a pensar que dicho Tribunal no descartó considerar ambos como teóricamente equivalentes, pero en el año 1996 el Tribunal vuelve a considerarlos como conceptos bien distintos lo cual se refleja en su sentencia 212/1996 de 19 de diciembre[5]. Estos cambios en los criterios de la jurisprudencia junto a las discusiones doctrinales de multitud de autores nos muestran el terreno en el que nos vamos a encontrar al tratar de definir y entender la expresión, bien jurídicamente protegido.

El bien jurídico es un valor de categoría superior, de tal forma que al tener esta consideración es tutelado por el reconocimiento de la ley. En este sentido, los bienes jurídicos expresan

---

derecho, sin cuestionar su validez. Tiene predominantemente un carácter epistemológico

[4] Sentencia del Tribunal Constitucional 53/1985 de 11 de abril. BJC de 1985

[5] Sentencia del Tribunal Constitucional 212/1996 de 19 de diciembre. BJC de 1997

necesidades básicas y vitales de la persona y de los procesos de relación social, de instituciones, sistemas y de su participación. Para Rodríguez Mourullo son bienes vitales, fundamentales, para el individuo y la comunidad que precisamente al ser tutelados por el derecho se convierten en bienes jurídicos[6]. Según Zugaldia Espinar, los bienes jurídicos no pueden surgir de la ley, sino que han de ser previos a ella emanando de la realidad social, de sus convicciones culturales y de la ética social[7].

Los bienes jurídicos, por tanto, no son tales porque el legislador los haya catalogado abstractamente en una norma jurídica, que puede estar supeditada quizá a un evento o situación coyuntural, sino porque, representan presupuestos indispensables para la vida en común y los valores de esa sociedad. A pesar de que el derecho penal tiene encomendada la misión de proteger los bienes jurídicos, lo que realmente quiere decir para Hans-Heinrich, es que esta vía del derecho solo puede actuar en tanto en cuanto se dañe un bien jurídico previamente declarado como tal, si bien, este bien humano, o por el hombre valorado, se encuentra en

---

[6] Rodríguez Mourullo, G. Derecho penal. Parte General. Civitas Ediciones, S.L. 1976, reimpresión, 1978

[7] Zugaldia Espinar. Fundamentos del Derecho Penal. Parte General. Tirant lo Blanch, 4ª ed. 2010

todos los rincones del ordenamiento jurídico y es este en su conjunto el que los protege[8]. Según el profesor Cobo del Rosal[9], el bien jurídico se puede definir como todo valor de la vida humana protegida por el derecho.

El objeto de tutela de los bienes necesitados de protección lo es con el fin último de garantizarlos a partir del reconocimiento esencial de su pertenencia, su buen uso y su disfrute por cada persona. Los bienes jurídicos que tutela el derecho son los más necesitados de protección por el valor que representa el objeto de tutela, así es la vida, la libertad, el patrimonio, la seguridad y la salud, entre otros.

En este orden de cosas la vida es un bien jurídico protegido frente al cual el ordenamiento jurídico descarga toda su fuerza y lo protege con todo el arsenal de sanciones y penas que la ley le permite, es tal vez el ejemplo más claro de lo que es un bien jurídico y de cómo además está protegido penal y jurídicamente, en el más amplio sentido de la expresión. Así pues, esa consideración de la vida como bien jurídico

---

[8] Jescheck, Hans-Heinrich. Tratado de Derecho Penal. Parte General. Traducción y adiciones de Derecho español por S. Mir Puig y F. Muñoz Conde, Volumen Primero, Barcelona, 1981
[9] Manuel Cobo del Rosal (1934-). Español. Abogado y catedrático de Derecho penal español en la Universidad Complutense de Madrid

protegido lleva al legislador español a encuadrar el homicidio y sus formas dentro del mismo Título I del Libro II "Del homicidio y sus formas", considerando como forma de homicidio la figura del suicidio inducido y/o cooperado.

Esta categoría de bien jurídico protegido, de la vida, ha provocado que la doctrina haya discutido si el marco constitucional español da pie a considerar este bien jurídico como bien de libre disponibilidad. En opinión del catedrático Romeo Casabona[10] no existe un derecho a la disponibilidad de la propia vida, sino tan solo a una libertad o facultad de disponer de ella por y para uno mismo, disponibilidad funcional. Pero, por otra parte, Romeo Casabona entiende que tampoco existe el deber de vivir contra la propia voluntad del individuo y por tanto lo califica como derecho de garantía lo cual no faculta a los particulares ni al Estado a imponer coactivamente la obligación de vivir frente a quien ha decidido no hacerlo. Así pues, este autor insiste en que el derecho a la vida no es un derecho renunciable aunque no de una forma absoluta, al igual que no lo son los demás derechos fundamentales, pero no cabe la ejecución de tal derecho en manos de terceros y que si bien no es incompatible con la

---

[10] Romeo Casabona, C. M. Derecho Penal. Parte Especial. Ed. Comares. 2016

Constitución española la participación de un tercero en la decisión de ejercitarlo, siempre que el titular conserve su poder de decisión, no significa, a su vez, que se sustente en un derecho constitucional.

El debate doctrinal sobre la eutanasia y sus formas no es pacífico en ningún país sustentado en un Estado de Derecho, no tan solo en cuanto a la teoría del bien jurídico protegido sino en cuanto a otras consideraciones dogmáticas menores.

Una de estas consideraciones sobre la eutanasia es que, en términos jurídicos, parece que poco tiene que decir, hoy por hoy, el derecho sanitario sobre este tipo de conceptos, pues es el derecho penal el que detecta la lesión de un bien jurídico protegido y en consecuencia actúa para protegerlo. De esta forma es el Estado que a través de sus órganos legislativos entiende que se ha lesionado un bien jurídico protegido y que tal lesión requiere de una tipificación e imposición de un castigo coercitivo. Pero a su vez es ese mismo Estado el que, en España, decide modular despenalizando o atenuando las penas de ciertas situaciones especiales entorno a estos supuestos. En todo caso cabe recordar al lector que no es lo mismo atenuar la pena de un delito, que despenalizar un supuesto o que eximir de responsabilidad al sujeto activo de un delito o que regular una determinada actividad legalizándola.

El artículo 143.4 del Código Penal como supuesto de suicidio asistido eutanásico es distinto de la eutanasia.

La relación de la eutanasia y el suicidio asistido eutanásico con el derecho sanitario depende de la definición que la norma, de forma explícita o implícita, de a cada uno de estos supuestos. Seguiremos con esta cuestión, ya al final del documento, una vez hayamos sustanciado la eutanasia desde el punto de vista jurídico y doctrinal.

Por último, en este orden de cosas ha venido a producirse una nueva confusión en la opinión pública con motivo de que el Senado recibiera el 4 de enero de 2019 la "Proposición de Ley de derechos y garantías de la dignidad de la persona ante el proceso final de su vida". Esta ley trata sobre los Cuidados Paliativos, especialidad médica-clínica que nada tiene que ver con la eutanasia.

Con el fin de contribuir a la aclaración de la confusión que ha producido la comunicación pública realizada para algunos políticos sobre la proposición de ley, el capítulo 6 trata sobre los Cuidados Paliativos y sobre sus diferencias con la eutanasia.

CAPITULO 1

Explicación de la obra

JUSTIFICACIÓN

La justificación de esta obra viene sustentada por tres circunstancias. La primera, la Mesa redonda en el Encuentro de posicionamiento estratégico de la Sociedad Española de Cuidados Paliativos "por la atención al final de la vida y el derecho a decidir". 27 de septiembre de 2018.

La segunda circunstancia, el Defensor del Pueblo del País Vasco dentro de su programación de cursos de verano invitó al autor a participar en el curso "*Los derechos de las personas al final de la vida*" (XXXVIII Cursos de Verano den San Sebastián, XXXI Cursos Europeos) los días 4 y 5 de Julio de 2019.

El Senado Español el día 4 de enero de 2019 recibió desde el Congreso de los Diputados la "Proposición de Ley de derechos y garantías de la dignidad de la persona ante el proceso final de su vida". Un discurso poco claro por parte de algunos ha hecho creer a muchas personas que este texto trata sobre la eutanasia, nada más lejos de la verdad.

La tercera circunstancia, la Sociedad Española de Cuidados Paliativos invitó al autor del libro a pronunciar una ponencia sobre eutanasia en el derecho sanitario en la Mesa 4 sobre Autonomía y toma de decisiones en el final de la vida en las XIII Jornadas Internacionales de la Sociedad Española de Cuidados Paliativos del 25 al 26 de octubre de 2019.

La justificación de la primera edición fue que en el mes de julio de 2018 la Sociedad Española de Cuidados Paliativos solicitó al Ilustre Colegio de Abogados de Madrid (ICAM) que le hiciera llegar el nombre de algún abogado que pudiera participar, el 27 de septiembre del mismo año, en una mesa redonda sobre los aspectos jurídicos de la eutanasia en España.

En el mes de junio de 2018 el ICAM había nombrado a Juan José Bestard Perelló como copresidente de la sección de derecho sanitario y farmacéutico, quien se encargaría de los temas de derecho sanitario dejando el derecho farmacéutico bajo criterio de la otra copresidenta, Doña Nuria Amarilla Mateu.

En este orden de cosas, el copresidente del área de derecho sanitario entendió que debía ser él mismo quien abordara la charla en la mesa redonda por los siguientes motivos.

En primer lugar, la sección de derecho sanitario y farmacéutico del ICAM debía ser especialmente cautelosa en asegurar la presencia de un profesional que tratara dicha cuestión con absoluta objetividad e imparcialidad.

En segundo lugar, las fechas y la premura de tiempo complicaban la labor de búsqueda. En último lugar, su condición de licenciado en derecho y licenciado en medicina le hacían un candidato sensible para dicha mesa redonda.

Una vez escrito el contenido de la intervención en la mesa redonda y tras dar a leer su contenido a personas expertas tanto en derecho como en medicina, se entendió que el mismo contenido junto con una serie de anexos que ilustraran y complementaran el texto podría ser de interés para las personas con inquietudes intelectuales acerca de la cuestión de la eutanasia.

De tal forma, el lector no debe entender el contenido de este libro como el producto de una labor erudita sobre la eutanasia sino simplemente debe ver en este documento una breve, básica y sencilla revisión técnica sobre los aspectos jurídicos de la cuestión planteada.

La justificación de la segunda edición por una parte estriba en la revisión y actualización de la primera edición y, por otra parte, en la aclaración sobre la naturaleza de los Cuidados Paliativos y su neta separación de la eutanasia.

La justificación de esta tercera edición es la ponencia sobre "la eutanasia en el derecho sanitario" en las XIII Jornadas Internacionales de la Sociedad Española de Cuidados Paliativos en Santiago de Compostela los días 25 y 26 de octubre de 2019.

CONTEXTO ACTUAL Y UTILIDAD

La cuestión de la eutanasia recurre cíclicamente en la opción pública y en algunos casos los partidos políticos desplazan el debate técnico y ético a un plano político, provocando que emerjan las múltiples sensibilidades que sobre esta cuestión existen en cualquier sociedad moderna.

En España en el año 1995 se reformó el Código Penal incorporando un importante cambio en ciertos tipos de conductas relacionadas con el suicidio asistido en determinadas situaciones de salud del afectado. Esta reforma no tuvo mayor eco social.

En marzo de 1998 el Senado español constituyó la Comisión especial de estudio sobre la eutanasia cerrándose en enero de 2000 sin emitir ningún tipo de conclusión. La gran cantidad de expertos que participó en esa comisión ayudó a crear un importante estado de opinión en relación a la importancia de los cuidados paliativos en nuestro sistema sanitario.

Holanda despenaliza determinados supuestos en la eutanasia en 1984, en el año 1993 se reglamentó y en el año 2002 entró en vigor la despenalización, la eutanasia fuera de estos supuestos es delito. En Australia la eutanasia estuvo despenalizada entre 1995 y 1996. En Bélgica se despenalizan en el año 2002. En Luxemburgo la eutanasia se despenaliza en el año 2008. En Colombia se despenaliza en el año 2015, en Canadá en 2016 ([11, 12]) y en Corea del Sur en 2018.

En Suiza en el año 2006 se despenalizan supuestos del suicidio asistido, sin necesidad de

---

[11] En Canadá la Ley modifica el código penal: crear exenciones de los delitos de homicidio culposo, de ayudar al suicidio y de administrar algo nocivo, a fin de permitir que los médicos y enfermeras practiquen asistencia médica para morir y que los farmacéuticos y otras personas puedan asistir en el proceso

[12] El 1,2% del total de muertes en Canadá en 2018 fueron debidas a la eutanasia, de las cuales el 64% eran causas de cáncer. El 93% fueron realizados por medicos.   https://www.canada.ca_/en /health-canada/ services /publications/ health-system-services/ medical-assistance-dying-interim-report-april-2019.html

una ley especial dado que fue una sentencia del Tribunal Supremo la que abrió la puerta. En Uruguay en el año 2013 se despenaliza el suicidio asistido.

En Estados Unidos de América se despenalizan determinados supuestos del suicidio asistido en Oregón en 1997, en Washington DC en 2009, en Montana en 2010, en Vermont en 2013, en California en 2015, en Colorado en 2016 y en Nueva Jersey el 1 de agosto de 2019.

El 39 Congreso Federal del PSOE, 16-18 junio de 2017, se compromete en legalizar la eutanasia en España. El día 3 de mayo de 2018 el PSOE presenta a la Mesa del Congreso de los Diputados su proposición de Ley Orgánica de regulación de la eutanasia.

El día 2 de junio de 2018 Pedro Sánchez toma posesión como Presidente de Gobierno de España, tras ganar la moción de censura contra el Gobierno de Mariano Rajoy el día 1 de junio. El 26 de junio de 2018 el Congreso de los Diputados respaldó la presentación del proyecto de Ley para la legalización de la eutanasia, reconocerlo como derecho individual e introducirlo como prestación en la cartera de servicios comunes del Sistema Nacional de Salud. Respaldo dado por el PSOE,

Ciudadanos, Podemos y el resto del arco parlamentario excepto el PP.

Esta iniciativa parlamentaria ha provocado un debate social entorno a la eutanasia que ha llegado, por descontado, a las organizaciones profesionales médicas y sanitarias en general. La Organización Médica Colegial[13] (OMC) puso de relieve en la prensa especializada[14] que el artículo 36, atención médica al final de la vida, del Código de Deontología Médica (Guía de Ética Médica, de Julio de 2011) dice: "*3.El médico nunca provocará intencionadamente la muerte de ningún paciente, ni siquiera en caso de petición expresa por parte de éste.*" y añade que en sus disposiciones finales consta: "*2.El médico que actuara amparado por las Leyes del Estado no podrá ser sancionado deontológicamente.*"

No deberán escatimarse esfuerzos en la claridad conceptual de la cuestión sea cual sea el resultado final aprobado por la Cámara de Diputados, que en todo caso se merecerá una especial precisión y calidad en técnica legislativa. Es indispensable que este tipo de normas de gran

---

[13] Máximo órgano directivo: Consejo General de Colegios Oficiales de Médicos (CGCOM)
[14] Redacción Medica de 16 de septiembre de 2018, https://www.redaccionmedica.com/secciones/medicina/el-nuevo-codigo-deontologico-medico-no-eliminara-el-rechazo-a-la-eutanasia-3460

calado social y ético estén en perfecta sintonía con los preceptos constitucionales y con que el resto del ordenamiento jurídico. Sin duda todo ello haría necesario un importante despliegue informativo dirigido a toda la sociedad.

Por último, este libro no entra en el escenario de la ética ni en consideraciones morales respecto a la eutanasia. Trata con sumo respeto el núcleo de la cuestión desde la visión de la ciencia del derecho y lo contextualiza a la realidad del ordenamiento jurídico vigente el año 2019, a fecha de su publicación.

REVISIÓN EN 2ª EDICIÓN

Con fecha 4 de enero de 2019 tuvo entrada en el Senado Español el texto aprobado por el Pleno del Congreso de los Diputados, el 20 diciembre de 2018, relativo a la Proposición de Ley de derechos y garantías de la dignidad de la persona ante el proceso final de su vida [Anexo II]. A nivel autonómico la iniciativa legislativa es muy desigual [Anexo III].

Nada tiene que ver el contenido de esta propuesta legislativa con la eutanasia, sino que se refiere a los Cuidados Paliativos. En consecuencia, el autor entiende que es preciso dedicar un poco de esfuerzo a definir y explicar brevemente los Cuidados Paliativos, a lo cual dedica el capítulo 6.

REVISIÓN EN 3ª EDICIÓN

"*La eutanasia en España (3ª edición). Visión jurídica 2019. Derecho sanitario*" es la segunda revisión del libro "*La eutanasia en España. Visión jurídica 2018*", editado en septiembre de 2018 y aporta claridad en la definición de eutanasia y en el estudio del tratamiento de este concepto por parte del ordenamiento jurídico español.

Se analiza el artículo 143.4 del Código Penal que tipifica el suicidio asistido en base a unos requisitos llegando a la conclusión que crea el concepto de *suicidio asistido eutanásico* no teniendo nada que ver con la eutanasia.

El autor incluye en este capítulo, un apartado sobre la hipotética despenalización de la eutanasia y su repercusión jurídica.

Básicamente se ha profundizado en cuanto al derecho sanitario y a los cambios en su escenario como consecuencia de la despenalización de la eutanasia y el suicidio asistido.

Los bienes jurídicos. Definición y marco de la eutanasia

CAPÍTULO 2

Los bienes jurídicos protegidos

Hablar de eutanasia tratándola jurídicamente obliga a referirse a la vida y a la muerte lo cual lleva inevitablemente a la consideración de la vida como bien jurídico protegido.

La teoría del derecho ha considerado los derechos y los bienes jurídicos cosas distintas[15]. El Tribunal Constitucional español en su sentencia 53/1985 de 11 de abril optó por ponderar los bienes y derechos en función del supuesto planteado, lo que nos induce a pensar que dicho Tribunal no descartó considerar ambos como teóricamente equivalentes, pero en el año 1996 el Tribunal vuelve a considerarlos como conceptos bien distintos lo cual se refleja en su sentencia 212/1996 de 19 de diciembre[16].

---

[15] Sentencia del Tribunal Constitucional 53/1985 de 11 de abril. BJC de 1985

[16] Sentencia del Tribunal Constitucional 212/1996 de 19 de diciembre. BJC de 1997

El bien jurídico es un valor de categoría superior, de tal forma que al tener esta consideración es tutelado por el reconocimiento de la ley. En este sentido, los bienes jurídicos expresan necesidades básicas y vitales de la persona y de los procesos de relación social, de instituciones, sistemas y de su participación.

Para Rodríguez Mourullo estos bienes son bienes vitales, fundamentales, para el individuo y la comunidad que precisamente al ser tutelados por el derecho se convierten en bienes jurídicos[17].

Según Zugaldia Espinar, los bienes jurídicos no pueden surgir de la ley, sino que han de ser previos a ella emanando de la realidad social, de sus convicciones culturales y de la ética social[18].

Los bienes jurídicos, por tanto, no son tales porque el legislador los haya catalogado abstractamente en una norma jurídica, que puede estar supeditada quizá a un evento o situación coyuntural, sino porque, representan presupuestos indispensables para la vida en común y los valores de esa sociedad.

---

[17] Rodríguez Mourullo, G. Derecho penal. Parte General. Civitas Ediciones, S.L. 1976, reimpresión, 1978
[18] Zugaldia Espinar. Fundamentos del Derecho Penal. Parte General. Tirant lo Blanch, 4ª ed. 2010

A pesar de que el derecho penal tiene encomendada la misión de proteger los bienes jurídicos, lo que realmente quiere decir para Hans-Heinrich, es que esta vía del derecho solo puede actuar en tanto en cuanto se dañe un bien jurídico previamente declarado como tal, si bien, este bien humano, o por el hombre valorado, se encuentra en todos los rincones del ordenamiento jurídico y es este en su conjunto el que los protege[19].

Según el profesor Cobo del Rosal[20], el bien jurídico se puede definir como todo valor de la vida humana protegida por el derecho.

El objeto de tutela de los bienes necesitados de protección lo es con el fin último de garantizarlos a partir del reconocimiento esencial de su pertenencia, su buen uso y su disfrute por cada persona. Los bienes jurídicos que tutela el derecho son los más necesitados de protección por el valor que representa el objeto de tutela, así es la vida, la libertad, el patrimonio, la seguridad y la salud, entre otros.

---

[19] Jescheck, Hans-Heinrich. Tratado de Derecho Penal. Parte General. Traducción y adiciones de Derecho español por S. Mir Puig y F. Muñoz Conde, Volumen Primero, Barcelona, 1981

[20] Manuel Cobo del Rosal (1934-). Español. Abogado y catedrático de Derecho penal español en la Universidad Complutense de Madrid

En este orden de cosas, la vida es un bien jurídico protegido frente al cual el ordenamiento jurídico descarga toda su fuerza y lo protege con todo el arsenal de sanciones y penas que la ley le permite, es tal vez el ejemplo más claro de lo que es un bien jurídico y de cómo además está protegido penal y jurídicamente, en el más amplio sentido de la expresión. Así pues, esa consideración de la vida como bien jurídico protegido lleva al legislador español a encuadrar el homicidio y sus formas dentro del mismo Título I del Libro II "Del homicidio y sus formas", considerando como forma de homicidio la figura del suicidio inducido y/o cooperado.

Esta categoría de bien jurídico protegido, la vida, ha provocado que la doctrina haya discutido si el marco constitucional español da pie a considerar este bien jurídico como bien de libre disponibilidad. En opinión del catedrático Romeo Casabona[21] no existe un derecho a la disponibilidad de la propia vida, sino tan solo a una libertad o facultad de disponer de ella por y para uno mismo, disponibilidad funcional. Pero, por otra parte, Romeo Casabona entiende que tampoco existe el deber de vivir contra la propia voluntad del individuo y por tanto lo califica como derecho de garantía lo

---

[21] Romeo Casabona, C. M. Derecho Penal. Parte Especial. Ed. Comares. 2016

cual no faculta a los particulares ni al Estado a imponer coactivamente la obligación de vivir frente a quien ha decidido no hacerlo.

Así pues, Casabona insiste en que el derecho a la vida no es un derecho renunciable, aunque no de una forma absoluta, al igual que no lo son los demás derechos fundamentales, pero no cabe la ejecución de tal derecho en manos de terceros y que si bien no es incompatible con la Constitución española la participación de un tercero en la decisión de ejercitarlo, siempre que el titular conserve su poder de decisión, no significa, a su vez, que se sustente en un derecho constitucional.

Definición de Eutanasia

Tratar la cuestión de la eutanasia desde un punto de vista jurídico requiere, a mi entender, adoptar una posición teleológica, y además, previamente, definir o buscar el significado de lo que realmente se pretende tratar, pues la eutanasia es, sin duda, un término que expresa un fenómeno muy complejo en el que se distinguen muchos significados diferentes, si bien todos tienen como fin la muerte ocasionada por acción u omisión de otra persona por voluntad de esa misma, casi siempre gravemente enferma o sometida a vida artificial, aunque no en todos los casos.

El catedrático de Derecho Penal de la Universidad de Deusto, Carlos Romeo Casabona, entiende que la definición que se ajusta a la acepción más corriente de eutanasia *es la privación de la vida de otra persona por razones humanitarias, por petición del interesado, que sufre una enfermedad terminal o situación de invalidez irreversible y desea poner fin a su sufrimiento, así como las situaciones en la que aquel no pueda manifestar su voluntad o no pueda ser tenida en cuenta por cualquier motivo.*

Sin embargo, la definición de eutanasia no es pacífica existiendo un sector de la sociedad que entiende por eutanasia *cuando un equipo médico administra los fármacos a la persona que desea morir porque sufre una enfermedad grave terminal,* es decir, se supone voluntad y capacidad por parte de la persona y existencia de una grave enfermedad terminal o sufrimiento permanente insoportable y que a diferencia del suicidio asistido, en este supuesto el que provoca directamente la muerte es una tercera persona.

La Sociedad Española de Cuidados Paliativos en 2002 definió eutanasia como la *conducta (acción u omisión) intencionalmente dirigida a terminar con la vida de una persona que tiene una enfermedad grave e irreversible, por razones compasivas y en un contexto médico*, y no aceptando, por otra parte, la expresión *eutanasia pasiva* como un concepto válido[22].

La Organización Mundial de la Salud (OMS) en 2004 publicó un glosario[23] en el cual define la eutanasia: *A deliberate act undertaken by one person with the intention of either painlessly putting to death or failing to prevent death from natural causes in cases of terminal illness or irreversible coma of another person* (Un acto deliberado realizado por una persona con la intención de dar muerte sin dolor o no prevenir la muerte por causas naturales en casos de enfermedad terminal o coma irreversible de otra persona).

En la literatura jurídica internacional se encuentran definiciones especialmente escuetas, tal es el caso de Uruguay que el artículo 46 de la Ley 19.286, Código de ética médica, dice: *la eutanasia activa entendida como la acción u omisión que acelera o causa la muerte de un paciente*. Es decir, no atiende a exigencias de autonomía de la persona ni de gravedad de la enfermedad.

---

[22] Comité de Ética de SECPAL. Declaración sobre la eutanasia de la Sociedad Española de Cuidados Paliativos. Med Pal (Madrid). Vol.9: nº1: 37-40.2002

[23] http://www.who.int/kobe_centre/ageing/ahp_vol5_glossary.pdf

Una de las definiciones más escuetas pertenece a la Ley de Eutanasia de Bélgica (2002) la cual dice que eutanasia *es un acto intencionado de terminar con la vida de una persona a petición de esta.*

Tal como ya hemos adelantado no hay un acuerdo unánime en la definición de eutanasia, sino todo lo contrario, en especial en cuanto a la exigencia de los requisitos de voluntad y de capacidad. Sin embargo, un amplio sector de la doctrina, que asume estos conceptos como los más comunes, descarta la eutanasia en personas no enfermas y otro sector mayoritario lo descarta también en personas sin capacidad de manifestar y hacer valer su voluntad, entre las que incluimos menores de edad o incapaces.

En este orden de cosas, en general el término eutanasia que implica tres requisitos,

1. muerte producida directa o indirectamente por un tercero
2. enfermedad grave
3. voluntad del enfermo (el más discutido)

El significado de eutanasia debe diferenciarse y distinguirse de otras expresiones, tales como:

- *muerte digna u ortotanasia:* se utilizan medidas paliativas médicas que reducen el sufrimiento,
- *eutanasia genuina*: que consiste en ayudar a bien morir sin acortar la vida.
- *sedación terminal*: procedimiento médico, dar un tratamiento sedativo a altas dosis, al final de la vida para eliminar su sufrimiento, tiene lindes comunes con la eutanasia y genera debate y polémica doctrinal.
- *suicidio asistido*: ayudar o cooperar en el suicidio de una persona, requiere suicidio efectivo y ayuda o cooperación en el mismo, el que provoca la muerte es el sujeto pasivo.
- *suicidio médicamente asistido*: cuando un profesional de la medicina coopera directa o indirectamente en la muerte de una persona, enferma o no.
- *suicidio no asistido médicamente*; y *cacotanasia* : la eutanasia sin el consentimiento del afectado

Marco internacional de la eutanasia

La mayoría de los países penan el suicidio asistido, inducido o cooperado. Sin embargo, en Noruega y en cuatro países de la Unión Europea (Alemania[24], Austria, Dinamarca y España) se tolera la figura de la cooperación no necesaria o la complicidad en determinados supuestos de suicidio.

A esta tendencia en relación a la tolerancia de ciertas conductas eutanásicas se añaden otros países en los cuales se despenalizan determinados supuestos en el suicidio asistido: Suiza, Uruguay y USA (en seis Estados: California, Colorado, Montana, Nueva Jersey, Oregón, Vermont y Washington). En Bélgica no ha sido despenalizado porque previamente no estaba penado.

A esa lista hay que sumar otros países en los que existe alguna forma o tipo de eutanasia, o dicho con más rigor, en los cuales se dan supuestos de despenalización de la eutanasia, estos son: Bélgica, Canadá, Colombia, Corea del Sur, Holanda y Luxemburgo. En Australia hubo supuestos de despenalización entre 1995 y 1996, en cuyo año se produjo una marcha atrás.

---

[24] "El Constitucional alemán examina la prohibición de la eutanasia" "El Tribunal Constitucional de Alemania ha comenzado a analizar este lunes los numerosos recursos presentados contra la prohibición de practicar la eutanasia, en vigor desde hace tres años, aunque la decisión no se espera hasta dentro de varios meses" (Publicado 16/04/2019) https://www.europapress.es/internacional/ noticia-constitucional-aleman-examina-prohibicion-eutanasia-20190416174328.html

Capítulo 2. Los bienes jurídicos. Definición y marco de la eutanasia

Tabla 1. Escenario internacional de la despenalización de la eutanasia y del suicidio asistido

Tolerancia en Suicidio Asistido	Suicidio Asistido despenalizado	Eutanasia no penada en determinados supuestos	Sin opción conocida (n° países)
Alemania (UE)	Bélgica (1) (UE)	Australia (2)	UE (**21**)
Austria (UE)	Suiza	Bélgica (UE)	América (**31**)
Dinamarca (UE)	Uruguay	Canadá	ONU (**179**)
España (UE)	USA:	Colombia	OCDE (**25**)
Noruega	California	Core del Sur	
	Oregon	Holanda (UE)	
	Colorado	Luxemburgo (UE)	
	Montana		
	Nueva Jersey		
	Vermont		
	Washington		

(1) En Bélgica no está penalizado, no ha sido despenalizarlo
(2) En Australia entre 1995 y 1996

Una de las circunstancias que resaltan del análisis de la legislación de los países con supuestos de despenalización y de los países con el suicidio asistido con supuestos de despenalización, es la poca homogeneidad de definición, causas, sujetos, criterios y controles entre unos y otros.

Con objeto de conocer el alcance aproximado de cada uno de los supuestos de despenalización en el marco internacional, se ha elaborado una tabla con once (11) ítems o contenidos. Estos once ítems que encabezan las columnas de a Tabla 2 son los siguientes:

1. Fecha: fecha de publicación de la Ley o la Sentencia de los Tribunales (caso de Suiza).
2. Por médico: si la acción del supuesto debe ser protagonizada por un médico.
3. 2ª o 3ª opinión: ver si en el proceso de la acción debe participar a la opinión de uno o dos personas adicionales y en qué caso deben ser médicos.
4. Enf. Irrev. (enfermedad irreversible): ver si la causa exigida, del paciente, debe ser enfermedad irreversible, entendidas como las que tienen un pronóstico de menos de 6 meses de vida.
5. Padecimiento insoportable: ver si la causa exigida, del paciente, puede ser un padecimiento insoportable
6. Voluntariedad manifiesta: ver si el paciente tiene que manifestar su voluntad, ver si debe realizarse en el momento del acto o si puede ser anticipada.
7. Tiempo de cadencia: plazo entre la manifestación de voluntad y el acto, o entre una manifestación de voluntad y la otra, si fueran necesarias varias.
8. Capacidad legal del paciente: se valora si se exige capacidad suficiente al paciente o se permite la autorización de los padres en caso de incapacidad.
9. Paciente comatoso: se valora si el acto puede darse en un paciente en coma.
10. Edad límite: límites de edad del paciente. Se entiende que en menores de 18 años es necesaria la autorización de los padres.

11. Control: hay supuestos de autorización previa al acto (judicial ex ante) o de control posterior al acto (ex post). Hay supuestos de exigencia de testigos en la fase de manifestación de voluntad y se podrían entender como un control de bajo perfil.

La Tabla 2 distingue netamente entre los dos grupos, por una parte, el grupo de países que disponen legalmente de una despenalización de determinados supuestos en la eutanasia y, por otra parte, el grupo que disponen de supuestos de despenalización del suicidio asistido. Se presentan recuadros en blanco cuando no hay información en la red y recuadros en gris, cuando el dato no existe.

En el caso de Uruguay, las autorizaciones las da un juez caso por caso, mientras que en Colombia el juez las da sobre los requisitos tasados en la ley.

A la luz del escenario internacional se observa en primer lugar, la despenalización de la eutanasia y/o del suicidio asistido se da en tan solo 14 países en todo el mundo (en 7 Estados de USA) en segundo lugar, los supuestos de despenalización presentan criterios, exigencias y límites muy dispares tanto en la definición del sujeto, causa y objeto como en los sistemas de control.

Tabla 2. Modelos de despenalización. Cuadro comparativo por países Anexo IV

Modelos de despenalización		Fecha	Por médico	2º o 3ª opinión	Enf. Irrev. (2)	Padecimiento insoportable	Voluntariedad manifiesta	Tiempo de cadencia	Capacidad legal	Paciente comatoso	Edad límite	Control
eutanasia legalizada	Holanda (1)	2001	Si	Si, médico	Si	Si	Si (+ antes de morir)		Si	No	12	ex post
	Bélgica (1)	2002	Si	Si, médico	Si	Si	Si, o anticipada	30 días	Si/padres	Si	sin	ex post
	Luxemburgo (1)	2009	Si	Si, médico	Si	Si	Si, o anticipada		Si/padres	Si	16	ex ante
	Colombia (1)	2015	Si	Si, médico	Si	Si	Si, o anticipada		Si/padres	Si	18	judicial, ex ante
	Canada	2016	si/enfermeria	Si	Si	Si	Si	10 días	Si	No	18	testigos solicitud
	Corea del Sur	2018	Si	Si, médico	Si	Si	Si		Si			
	Australia Victoria	2019	Si	Si, médico	Si	Si	Si (3 veces)	10 días	Si	No	18	ex post
suicidio asistido legal	Suiza	2006	no	no	no	no	Si					
	USA Oregón	1997	Si	Si, médico	Si	No	Si (2 veces)	15 días	Si	No	18	testigos solicitud
	Washington	2009	Si	Si, médico	Si	No	Si (2 veces)	15 días	Si	No	18	testigos solicitud
	Montana	2010	Si	Si, médico	Si	No	Si (2 veces)		Si	No	18	testigos solicitud
	Vermont	2013	Si	Si, médico	Si	No	Si (3 veces)	15 días/ 48 horas	Si	No	18	testigos solicitud
	California	2016	Si	Si, médico	Si	No	Si (3 veces)	15 días	Si	No	18	testigos solicitud
	Colorado	2016	Si	Si, médico	Si	No	Si (2 veces)	15 días	Si	No	18	testigos solicitud
	New Yersey	2019										
	Uruguay	2013										judicial, ex ante
	Australia Territorio del Norte	1995-1996										

(1) Estos países tienen despenalizados supuestos de eutanasia y de suicidio asistido, en determinadas circunstancias, (en Bélgica, no está penalizado el suicidio asistido)
(2) Paciente con enfermedad irreversible tiene menos de 6 meses de expectativa de vida

Podemos concluir que no existe una definición comúnmente aceptada de eutanasia, pero tampoco existe en el sector jurídico ni en el sector médico[25], bajo esta palabra (eutanasia) caben situaciones de distinta consideración y de muy diversa implicación legal y ética.

Como consecuencia de lo visto hasta el momento, se exponen a continuación, de forma breve y muy concisa, las preguntas a las que, según el autor, debería contestar cualquier definición de eutanasia.

Estas preguntas deben resolver las cuestiones que rodean a la naturaleza jurídica del proceso eutanásico, al sujeto activo en la eutanasia, al motivo de la muerte provocada, a la voluntad del sujeto pasivo que a va morir (formas, manifestación, retroacción, vigor, etc.), a la capacidad (jurídica, psíquica, etc.) del sujeto pasivo, a la situación físico-psíquica del sujeto pasivo, al nexo entre la voluntad del sujeto pasivo y la acción de sujeto activo, a la relación entre el sujeto pasivo y el sujeto que consuma la acción, a la autorización, al sujeto activo de la autorización y al control de los requisitos legales de despenalización. Resolviendo estas cuestiones es posible que se alcance un cierto consenso en cuanto a la definición de eutanasia.

---

[25] Cuervo Pinna MÁ, et al. Investigación cualitativa sobre el concepto de eutanasia, entre médicos españoles. Rev Calid Asist. 2015. http://dx.doi.org./10.1016/j.cali.2015.07.002

Se ha diseñado la Tabla 3 con las 30 preguntas para contestar a ¿qué es la eutanasia para usted? El objeto que se persigue es facilitar al lector un método para un ejercicio sencillo sobre lo que conlleva y significa el término eutanasia.

Tabla 3. Preguntas para contestar a ¿qué es la eutanasia para usted?

Qué es Eutanasia, en treinta respuestas a treinta preguntas:

1. Naturaleza:	✓ Es un suicidio?	➤ Es un homicidio?	• Sin tipificar?
2. Privación de la vida:	✓ Quién priva?	➤ Quién decide?	• Oposición?
3. Razón o motivo:	✓ Razones humanitarias?	➤ Razones compasivas?	• Cualquier
4. Voluntad:	✓ Del sujeto?	➤ De su representante legal?	• Otros
5. Capacidad del sujeto:	✓ Capacidad legal?	➤ Capacidad de obrar?	• Sin
6. Situación del sujeto:	✓ Gravedad extrema?	➤ Enfermedad/invalidez?	• Cualquier
7. Nexo:	✓ Con prescripción médica?	➤ Sin prescripción médica?	• Sin
8. Quién consuma:	✓ Un médico?	➤ Un profesional de la salud?	• Cualquiera
9. Autorización:	✓ Un juez?	➤ Un Comité de expertos?	• Sin
10. Control:	✓ Ex ante?	➤ Ex post?	• Sin

CAPÍTULO 3

La eutanasia y el ordenamiento jurídico español

Ubicación jurídica de la eutanasia o de la conducta eutanásica en España

En España el término eutanasia no aparece explícitamente en el ordenamiento jurídico, pero tampoco lo hace de forma implícita como si ocurre con otros muchos conceptos, es decir, el ordenamiento jurídico no ayuda a aclarar la dispersión conceptual que hay sobre esta cuestión en la sociedad. Es cada vez más frecuente que las leyes definan los conceptos básicos sobre los que trata el texto legislativo (ejemplos [Anexo V, Anexo VI]).

En consecuencia, no existe una definición legal o doctrinal, explícita, de eutanasia en el Código Penal, sino que el Código Penal en todo caso hace una alusión a la conducta eutanásica cuando tipifica un tipo especial de suicidio. Así pues, tipifica en su artículo 143 [Anexo VII], tras la reforma del año 1995, una determinada conducta explicada como cooperación al suicidio por una tercera persona y que en determinadas situaciones concretas y especiales reduce la pena, debiendo darse las condiciones de enfermedad grave y petición explicita, despenalizando la comisión por omisión y supuestos indirectos. En honor a la verdad, este artículo trata del *suicidio asistido eutanásico*, pero no de la eutanasia.

En este orden de cosas, entender que el concepto de eutanasia debe estar íntimamente ligado al suicidio o que está penado o que habría que despenalizarlo, en realidad, es confuso y añade a la natural controversia ética de este tipo de cuestiones otros problemas innecesarios, es decir, los debates semánticos por falta de definición.

No cabe duda de que una definición jurídica o doctrinal clara permitiría avanzar en las discusiones teóricas que sobre este tema se plantean cíclicamente.

En España, lo más cercano al concepto de comportamiento eutanásico aparece en el punto 4 del artículo 143 del Código Penal que surge cuando el Estado decide atenuar la pena de lo que se entiende por suicidio asistido en determinadas circunstancias especiales,

Capítulo 3. La eutanasia y el ordenamiento jurídico español

dejando. Lo cierto es que poco tiene que ver con la eutanasia, pues se trata de una despenalización parcial de un tipo penal, reduciendo las condenas que el artículo 143 impone al que induce o coopera en la muerte por suicidio de una persona.

Distintos autores distinguen la eutanasia activa y la eutanasia pasiva, entendiendo que la eutanasia pasiva no solo no está penada por el artículo 143 del Código Penal, sino que incluso estaría regulada por la Ley 41/2002, de 14 de diciembre, básica reguladora de la autonomía del paciente y de derechos y obligaciones en materia de Información y documentación clínica [Anexo VIII, Anexo IX]. Hay que mencionar que todas las Comunidades Autónomas han legislado en base a esta ley básica [Anexo X]. Muchos otros autores niegan esta distinción, alegado que la eutanasia no es activa ni pasiva, tan solo eutanasia.

El ordenamiento jurídico deja impune a la producción de la propia muerte, el suicidio, entre otras cosas porque no se puede ser sujeto pasivo y sujeto activo de un mismo delito y porque la acción punitiva del Estado frente a quien ha muerto sería del todo estéril. De tal forma que el suicidio en grado de tentativa deja sin reproche penal al actor suicida pero no así a un tercero que hubiera participado o colaborado en dicho acto.

El suicidio cooperado en el Código Penal y la eutanasia

El artículo 143 del Código Penal tipifica la acción de una persona que ayudara a otra a suicidarse y se encuadra en el Código Penal dentro del Título I del Libro II "Del homicidio y sus formas". A su vez, en artículo 143.4 reduce las penas cuando el suicida padece una enfermedad germinal o un padecimiento insufrible y cuando este manifiesta su voluntad de suicidarse.

Cabe la posibilidad de entender que nuestro Código Penal trata, de refilón, la eutanasia como una figura atenuada de una forma especial de homicidio en determinados supuestos especiales del suicida, esta es, la cooperación o ayuda o asistencia al suicidio en casos muy extremos o terminales de alteración del estado de salud del suicida, y desactiva la persecución de la comisión por omisión (denominada eutanasia pasiva para algunos autores). Se debe recabar la atención del lector, sin entrar en más consideraciones, en que la figura de la inducción o cooperación con el suicidio ya es en sí misma una figura atenuada del homicidio.

Al encontrarnos frente a la muerte de una persona surgen siempre una serie de preguntas, básicamente, el cómo, el quién y el cuándo.

Capítulo 3. La eutanasia y el ordenamiento jurídico español

Cuando las evidencias dan a entender que no ha habido una causa clara del fallecimiento, sino que ha podido ser producida por el propio fallecido, entonces aparece el supuesto del suicidio. Sin embargo, para que a la muerte se la pueda calificar de suicidio el caso debe cumplir tres requisitos:

1. *Acto*. El suicida debe haberse producido así mismo la muerte efectiva
2. *Voluntad*. La muerte debe haber sido voluntaria. Voluntad propia
3. *Consciencia*. El suicida debe ser consciente, es decir, que el sujeto suicida haya manifestado su voluntad con plena capacidad de decisión

En caso de no cumplirse alguno de estos tres requisitos estaríamos ante un posible homicidio del artículo 138 del Código Penal. De tal forma que solo será suicida aquel que tenga capacidad para decidir libremente. Así pues, con carácter general, se entiende que un menor de edad y un incapaz o incapacitado no tienen esa capacidad requerida, aunque el silencio del legislador ha provocado una intensa discusión doctrinal y jurisprudencial en cuanto a los criterios en el artículo 143 de imputabilidad e inimputabilidad (artículo 19 y 20 del Código Penal), de consentimiento válido (artículos 155 y

156 Código Penal) y a la capacidad natural de juicio ("madurez de juicio necesaria" Sentencia del Tribunal Constitucional 154/2002).

Resumiendo, los tres requisitos para que un fallecimiento sea tipificado como suicidio son: *muerte efectiva producida por la propia persona (objeto activo y pasivo de la muerte), voluntariedad de la misma y capacidad de esta*, no pudiendo, entonces, haber mediado violencia, intimidación, engaño ni vicio de la voluntad (por otra parte, los actos preparatorios de las figuras del artículo 143 no son punibles pues no se tipifica ni la conspiración ni la proposición).

Una vez que se constata que se ha producido un suicidio este hecho se cobijaría bajo el peso del artículo 143 solo cuando una tercera persona hubiera *inducido o cooperado necesariamente* en la muerte del suicida (dejando fuera la complicidad o la ejecución no necesaria).

En este orden de cosas, el legislador entiende que *la inducción* es más grave que la *cooperación necesaria*, pues parece traslucir que mediante la inducción se crea la necesidad en el actor de la decisión de quitarse la vida, mientras que quien coopera, aunque sea de forma necesaria actúa sobre una decisión previa adoptada por el suicida que no existiría si no se hubiera creado en quien no la tenía previamente.

La doctrina y la jurisprudencia ante un supuesto de suicidio no han sido pasivas frente a la figura jurídica de la omisión de una conducta. Tampoco ha sido pasiva con la actitud del sujeto frente al resultado de muerte, pues parte de la discusión se sustenta en que deben diferenciarse dos supuestos, uno, cuando el objetivo es la propia muerte, el otro, cuando la muerte ha sido percibida y aceptada como inevitable.

La existencia de *"La inducción"* en el suicidio asistido

Así pues, determinada la existencia de suicidio el paso siguiente es considerar si ha sido un acto en solitario del suicida o si ha intervenido una tercera persona mediante la *inducción* a este. Esta inducción está tipificada en el artículo 143.1 del Código Penal[26].

La doctrina entiende que *la inducción* será cualquier persuasión suficientemente eficaz ejercida por un tercero que module o cambie o cree la voluntad del sujeto para que ponga fin a su vida.[27]

---

[26] Artículo 143.1. El que induzca al suicidio de otro será castigado con la pena de prisión de cuatro a ocho años

[27] La Sentencia del Tribunal Supremo de 5 de mayo de 1998 dice que la inducción debe provocar la muerte en alguien que no tenía pensado previamente suicidarse y la Sentencia del Tribunal Supremo de 23 de noviembre de 1994 dice que la inducción

La inducción ha de ser cierta, suficiente y no material. Es precisa una relación de causalidad clara entre el inductor y el inducido, pues en caso de duda habría que estudiar la figura del auxilio al suicidio, sin relevancia penal, o en todo caso situación jurídica cercana al tipo de la colaboración necesaria del artículo 143.2 del Código Penal.

Por otra parte, no está tipificada la *inducción* a la *inducción*, es decir, cuando en la inducción media una tercera persona que la doctrina llama "inducción en cadena", sin embargo, la doctrina acepta las formas imperfectas de ejecución, tal como puede ser la tentativa cuando el inductor ha culminado su inducción pero el suicida no ha logrado su propósito de muerte. La inducción viciada por la incapacidad, del sujeto, de actuar en uso de sus facultades volitivas o por mediación de coacción o intimidación, plantea la aparición del homicidio con autoría mediata.

La existencia de *"La cooperación necesaria"* en el suicidio asistido

El suicidio también pudo deberse a *la cooperación* de un tercero, tipificado en el artículo

---

requiere la colaboración prestada del sujeto activo a la muerte querida del sujeto pasivo con plena voluntad y conocimiento de cooperar en esta, teniendo el suicida el pleno dominio del hecho

143.2 del Código Penal[28]. Pudiendo ser esta una cooperación necesaria o una cooperación ejecutiva, reflejada esta última en el artículo 143.3 del Código Penal.

Esta *colaboración* (cooperación) *necesaria* o la que *auxilia al acto* del suicidio han de serlo en actos necesarios que sin los cuales no hubiera podido ser posible el suicidio, pero que a su vez no fuera la que produjo directamente la muerte del suicida.

Cooperador, y no tan solo cómplice[29], es aquel que colabora en actos anteriores o simultáneos, pero en todo caso *no necesarios*. La *cooperación* es, en general, material o de medios, abarcando desde sustancias a instrumentos, siendo un ejemplo de ello quien prepara químicamente un veneno o quien lo vierte en la bebida, pero sin olvidar que también puede darse una cooperación psicológica o de conocimiento como el caso en el cual el cooperador

---

[28] Artículo 143.2. Se impondrá la pena de prisión de dos a cinco años al que coopere con actos necesarios al suicidio de una persona

[29] Para la RAE: persona que, sin ser autora de un delito o una falta, coopera a su ejecución con actos anteriores o simultáneos.

A esta definición se puede añadir que el cómplice ayuda, pero no toma parte la ejecución material del delito o la falta. Las acciones secundarias del complice pueden ser de carácter moral, físico, de adiestramiento o indirectas buscando la impunidad del acto delictivo

da consejos o asesora al sujeto pasivo la forma de proceder para llevar a cabo su muerte.

La doctrina y la jurisprudencia vuelven a dividirse en el supuesto de la comisión por omisión en el tipo de cooperación necesaria para el suicidio, tal como resalta Romeo Casabona. Una parte de la doctrina niega que un acto necesario pueda ser una omisión, pues el artículo 143.2 dice: "*el que coopere con actos necesarios al suicidio de una persona.*" lo cual parece que manifestaría que la cooperación debería ser mediante acciones.

Otra parte de la doctrina entiende que una omisión de auxilio encajaría dentro de este tipo de delito cuando se ha producido una comisión por omisión. En este caso ocurre lo mismo que en el anterior, parte de la jurisprudencia acepta que pueda existir forma imperfecta de este delito, mediante la tentativa, y otra parte de la doctrina, minoritaria, no lo acepta.

La existencia de *"La cooperación ejecutiva"* en el suicidio asistido

En este orden de cosas, *la cooperación* podría no ser tan solo cooperación necesaria sino haber sido *cooperación ejecutiva*, es decir, la

Capítulo 3. La eutanasia y el ordenamiento jurídico español

que produce la muerte del suicida, y que está tipificada en el artículo 143.3 del Código Penal[30].

Este tipo de supuesto se encuentra ubicado entre la cooperación ejecutiva de suicidio y el homicidio a petición, siendo lo trascendente para la doctrina diferenciar la voluntad del suicida y calificar si fue una petición o un consentimiento. Sin duda, es una figura muy compleja a lo que se añade dificultad a la deficiente redacción del artículo 143.3.

La doctrina entiende que la base del delito del artículo 143.3 se circunscribe en quién tiene el *dominio del hecho* que produce la muerte, pero otra parte de la doctrina añade que lo fundamental es determinar el significado y contenido del dominio del hecho pues dentro de este entraría el dominio de la acción, el de la voluntad y el funcional, pudiendo corresponder uno y otro a personas distintas. El propio artículo 143.3 determina que el dominio del hecho debe estar en manos del suicida, tanto en su planificación como en su decisión.

La doctrina vuelve a dividirse en cuanto al alcance de la petición expresa del suicida, en la medida en que parte de ella entiende que debe

---

[30] Artículo.3. Será castigado con la pena de prisión de seis a diez años si la cooperación llegara hasta el punto de ejecutar la muerte

ser "expresa e inequívoca" mientras la otra parte, considera que el artículo 143.3 no exige la petición en contraposición al artículo 143.4 que sí la exige.

La posibilidad de aceptar la forma de la comisión por omisión divide a la doctrina, si bien es mayoritario el grupo que si la acepta, argumentado en muchos casos el ejemplo del médico que no suministra conscientemente un antídoto a un paciente que ha ingerido voluntariamente un veneno, causando ambos la muerte del suicida.

El *suicidio asistido eutanásico*

La despenalización parcial o atenuación de la pena en el suicidio asistido tipificado en el artículo 143.4 del Código Penal (reforma de 1995) lleva al autor del libro a denominarlo *suicidio asistido eutanásico*.

El artículo 143 modifica el previo artículo 409 del anterior Código Penal en la reforma de 1995, lo hace en varios aspectos y tal vez el más relevante es la introducción de lo que algunos han venido a denominar como una modalidad de eutanasia, *la cooperación necesaria activa* al suicidio asistido, con atenuación de las penas del artículo 143 en sus puntos 2 y 3.

Capítulo 3. La eutanasia y el ordenamiento jurídico español

El artículo 143 en su punto 4 dice: "*El que causare o cooperare activamente con actos necesarios y directos a la muerte de otro, por petición expresa, seria e inequívoca de éste, en el caso de que la víctima sufriera una enfermedad grave que condujera necesariamente a su muerte, o que produjera graves padecimientos permanentes y difíciles de soportar, será castigado con la pena inferior en uno o dos grados a las señaladas en los números 2 y 3 de este artículo*".

La doctrina resalta que el término "causare" añade la posibilidad de que haya un actor y no tan solo un cooperador necesario, lo cual se suma a la trascendente expresión "activamente", ambas parece que intentan excluir del ilícito las conductas omisivas y de comisión por omisión. Esta evidente falta de claridad lleva a que muchos autores entiendan que el punto 4 del artículo 143, en los supuestos y requisitos presentes, excluye lo que se podría entender por supuestos de comisión por omisión en casos de cooperación al suicidio de personas en situaciones de salud extremas, supuesto calificado como eutanasia pasiva por algunos juristas.

El requisito esencial en este tipo es el estado de salud (enfermedad o padecimiento) del sujeto pasivo, pues el otro requisito de *petición expresa* no es tanto esencial sino incluso un mero refuerzo de la voluntariedad ya exigida al suicida en la forma básica del suicidio. Recordemos que este artículo 143 que regula la inducción y cooperación al suicidio requiere como es obvio la existencia de la figura del suicidio y esta figura básica, que como ya hemos resaltado anteriormente, requiere el requisito de la voluntariedad, además de los requisitos de muerte efectiva y capacidad del sujeto; es decir, requiere que el suicida haya manifestado su voluntad de morir.

En este orden de cosas, este requisito básico, la enfermedad o el padecimiento, de la figura del suicidio el artículo 143 en su punto 4, se ve condicionado por la "petición expresa, seria e inequívoca" del suicida, lo que provoca que la voluntad del suicida actúe como un refuerzo para evidenciar la necesidad de la plena conciencia del acto. De alguna forma el legislador exige una garantía de doble capa, es decir, que quede clara la voluntad del sujeto que desea poner fin a su vida.

Así pues, el legislador exige al tipo del punto 4 del artículo 143 una situación muy determinada, la alteración extrema de la salud, enfermedad terminal o padecimiento insufrible. Pero lo cierto es que este requisito es de base científica y la evidencia clínica es muy variada y con un amplio espectro interpretativo.

Capítulo 3. La eutanasia y el ordenamiento jurídico español

La doctrina es insistente en denunciar la inseguridad jurídica del precepto analizado pues si bien hay que descartar a muchas enfermedades crónicas, por otra parte, muy frecuentes, también habrá que concretar el nivel de gravedad de la enfermedad y su relación con la muerte cierta o el grado del término "soportar" que tenga el paciente frente a sus graves padecimientos y si estos van a ser permanentes o no.

Tabla 4. El artículo 143 del Código Penal en España

		El suicidio cooperado del artículo 143 del Código Penal en España			
		Artículo 143 (.1; .2; .3)		Artículo 143 (.4)	
		Tipo	Penas de prisión en años	Tipo	Penas de prisión en años
Artículo 143	1	El que induzca el suicidio de otro	4 a 8		
	2	El que coopere en actos necesarios	2 a 5	por la petición expresa, seria e inequívoca de éste, en el caso de que la víctima sufriera una enfermedad grave que conduciría necesariamente a su muerte, o que produjera graves padecimientos permanentes y difíciles de soportar	inferior en uno o dos grados a las señaladas en los números 2 y 3 de este artículo
	3	El que coopere con ejecución	6 a 10	por la petición expresa, seria e inequívoca de éste, en el caso de que la víctima sufriera una enfermedad grave que conduciría necesariamente a su muerte, o que produjera graves padecimientos permanentes y difíciles de soportar	

A tenor del artículo 143.4 el legislador privilegia *la cooperación activa* en los supuestos expresados, pero no privilegia *la inducción* al suicidio del enfermo terminal o con graves padecimientos. Sin embargo, *la inducción* se entiende que debería ser una inducción provocada directamente en el suicida y no en otra persona que atienda al enfermo en cuestión, de nuevo, la inducción de *la inducción*.

Figura 1. Artículo 143. Título I Del Homicidio y sus formas. Código Penal de 1995. España

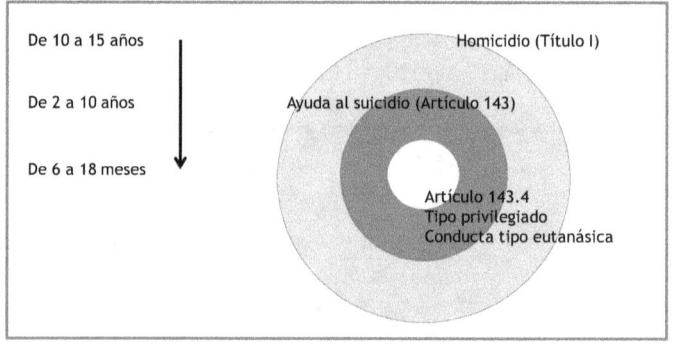

Un sector doctrinal considera que el Código Penal en su artículo 143.4 realmente incorpora una regulación de lo que viene entendiéndose por eutanasia directa, atenuando la pena en relación con los otros tipos de suicidios asistidos. Sin embargo, estos autores entienden que esta acción del legislador no es pacífica pues la despenalización parcial de esta muerte asistida por un tercero, por una parte, mantiene el tipo de delito y, por la otra, imposibilita o dificulta la aplicación del estado de necesidad como eximente.

Capítulo 3. La eutanasia y el ordenamiento jurídico español

La atenuación de la pena del punto 4 del artículo 143 se hace en base al punto 2 y al punto 3 del mismo artículo.

El punto 2 condena con dos a cinco años de prisión al que coopere con actos necesarios al suicidio, cuando esta cooperación encaja con el tipo del punto 4, la condena se reduce en uno o dos grados ^{Anexo XI}.

El punto 3 condena con seis a diez años a quien coopere en la muerte del suicida, cuando se den los requisitos del punto 4, la condena se reduce en uno a dos grados.

Relación entre el suicidio asistido eutanásico y la eutanasia, en España

En España, como ya sea repetido varias veces, lo que más se acerca a la eutanasia es el tipo del artículo 143.4 del Código Penal, suicidio asistido eutanásico, el cual reduce las penas de la cooperación al suicidio cuando el suicida padece una enfermedad terminal o un padecimiento insufrible permanente y cuando el suicida ha expresado claramente su voluntad.

La eutanasia como tal, en España, no está regulada, ni despenalizada ni mencionada en nuestro ordenamiento jurídico, en cualquier caso, es el artículo 138 del Código Penal el que se aplicaría frente a un supuesto que implicara una conducta eutanasia, es decir, la provocación de la muerte de una persona por otra tercera persona. Esta conducta está calificada por la doctrina como homicidio a petición con dolo directo[31].

Las diferencias entre suicidio asistido y eutanasia son muy importantes, no tanto en cuanto al fin sino en cuanto a los medios que utiliza el actor sujeto activo, en cuanto a sus formas imperfectas (tentativa, participación, cooperación, comisión por omisión, etc.) y en cuanto al reproche penal. Es una evidencia, todo ser humano se muere, sin embargo, entre una forma de morir y otra puede haber sustanciales diferencias. Entre un tipo y otro, suicidio y eutanasia, existen claras diferencia, los actores, los sujetos activos y los pasivos, así como todas sus implicaciones.

El significado y la implicación de este artículo 143.4, suicidio asistido eutanásico, comentado en apartados anteriores, se despliega cuando ha ocurrido un fallecimiento con:

1. existencia de un suicidio, es decir, una muerte provocada por el suicida, por voluntad propia y con plena conciencia de ello

---

[31] Álvarez García, FJ. Carrasco Andrino, MM et al Derecho Penal Español. Parte Especial (I). Editorial Tirant lo Blanch. 2009. ISBN 978-84-9876-696-7

2. padecimiento de enfermedad terminal o padecimiento insufrible permanente del suicida, circunstancia que abre, crea o da naturaleza al artículo 143.4
3. manifestación de la voluntad debe ser explicita y no debe confundirse con un consentimiento
4. dominio del hecho debe estar en manos del suicida no del cooperante. Independientemente de que el artículo 143.4 dice que "El que causare o cooperare activamente con actos necesarios y directos a la muerte de otro, (...)", hace referencia tanto a actos necesarios y directos que causa o en los que cooperara la tercera persona, el dominio del hecho debe ser del sujeto pasivo. Un ejemplo de ello sería la diferencia entre succionar una pajita o que una tercera persona introdujera el líquido dentro de la cavidad bucal. El suicida, succionando el líquido estaría, in extremis, dominando el hecho, cosa que no ocurriría si la tercera persona le introdujera el líquido en el interior de la vía digestiva.

El contenido textual de este artículo del Código Penal trae consigo las siguientes consecuencias y una serie de exigencias, entre las cuales cabe destacar:

a. La capacidad legal (voluntad + conciencia) del suicida, lo cual descarta a quien no es mayor de edad o a quien no tiene plena conciencia de sus actos o a quien no está consciente, excepto, en el caso de que existan instrucciones previas relativas a la suspensión de tratamiento o soporte vital.

b. La plena conciencia del suicida, dado que el dominio del hecho debe recaer en sus manos, excepto, que existan instrucciones previas relativas a la suspensión de un tratamiento o soporte vital.

c. La capacidad del suicida de planificar y ejecutar la decisión, lo cual no contradice que haya podido ser ayudado por el cooperante del suicidio.

d. La existencia de enfermedad terminal o padecimiento insufrible permanente, no puede ser cualquier enfermedad. Definición de enfermedad terminal (SECPAL)[32]: los elementos fundamentales son: presencia de una enfermedad avanzada, progresiva, incurable; falta de posibilidades razonables de respuesta al tratamiento específico; presencia de numerosos problemas o síntomas intensos, múltiples,

---

[32] https://www.secpal.com/biblioteca_guia-cuidados-paliativos_2-definicion-de-enfermedad-terminal

multifactoriales y cambiantes; gran impacto emocional en paciente, familia y equipo terapéutico, muy relacionado con la presencia, explícita o no, de la muerte; y pronóstico de vida limitado. El Cáncer, el SIDA, enfermedades de motoneurona, insuficiencia específica orgánica (renal, cardíaca, hepática etc.) cumplen estas características, en mayor o menor medida, en las etapas finales de la enfermedad. Clásicamente la atención del enfermo de cáncer en fase terminal ha constituido la razón de ser de las Cuidados Paliativos. Es fundamental no etiquetar de enfermo terminal a un paciente potencialmente curable.

Resumiendo, el suicidio asistido no deja de ser un suicidio y debe cumplir sus requisitos (pág. 41).

En el supuesto hipotético de que se contemplara la posibilidad de que la muerte de un enfermo terminal o de un paciente con un padecimiento insufrible permanente pudiera ser producida por una tercera persona y no por el propio fallecido, entonces estaríamos frente a un supuesto de eutanasia. En España no estaríamos bajo el tipo del artículo 143 sino frente a un homicidio del artículo 138 del Código Penal.

El hecho determinante que diferencia el suicidio asistido y la eutanasia es fundamentalmente el autor de la muerte, es decir, quién realiza el acto que conlleva a la defunción, pudiendo ser el propio fallecido, suicida, o una tercera persona, homicidio o eutanasia. Lo cual también traslada a un primer nivel el hecho de la voluntariedad expresa del sujeto, en el caso de suicidio es evidente, dado que el sujeto pasivo y el activo es el mismo, en el caso de la eutanasia, no es implícito ni tampoco se da en todos los casos, lo cual se deduce del estudio de la legislación internacional relativa a la despenalización de la eutanasia y del suicidio asistido.

Esta nueva hipótesis, el fallecimiento de una persona, supuestamente enferma, por acción de una tercera persona, trae consigo una serie de implicaciones ya resueltas en el caso del suicidio asistido por el mero hecho de ser propiamente un suicidio. Estas implicaciones son:

A. Dado que la muerte no la provoca el propio fallecido, no es indispensable que se halle consciente. En el caso del suicidio asistido, por la propia esencia del suicidio el sujeto debería estar consiente, con todo lo que ello supone.

B. Dado que no se requiere la consciencia tampoco se requiere la capacidad legal del fallecido en el momento del acto o de la provocación de la muerte, dado que este podría estar en coma o incluso ser un menor o un incapaz, en cuyo caso la legitimidad estaría en manos de sus representantes legales.

c. Las instrucciones anticipadas a estos efectos no podrían versar tan solo en cuanto a la suspensión de tratamiento o de soporte vital, sino que deberían contemplar el mandato de una acción letal en manos de terceras personas. En este supuesto deberíamos hablar de instrucción previas eutanásicas.

D. La voluntad de la persona que solicita la muerte es en todos los casos un requisito obvio, sin embargo, no en todos los países lo resuelven de igual manera e incluso no es un criterio universal, dado que en algunos países no se exige tal requisito pues es posible aplicar la eutanasia en persona en coma y sin instrucciones previas registradas.

Aunque el resultado del suicidio asistido y la eutanasia es el mismo, la muerte de una persona, son actos jurídicos de naturaleza distinta y con unas implicaciones legales muy diferentes en todos sus aspectos y modalidades.

Sin duda despenalizar la eutanasia obliga al legislador a despenalizar el suicidio asistido, al menos en su forma eutanásica, por razones obvias.

El salto de suicidio asistido atenuado penalmente al suicidio asistido despenalizado es un cambio importante y sustancial, en el sentido de que el sujeto activo o actor de la cooperación está exento de responsabilidad penal.

Ese cambio, exención de responsabilidad penal, obliga, como es natural, a la sociedad a incluir una serie de controles para evidenciar de forma independiente e irrefutablemente el cumplimiento de los requisitos, fueran estos lo que fueran. Sin duda en el marco internacional existen muchos ejemplos de distintos controles y de registros, sin embargo, en ningún caso se utiliza el control judicial en los supuestos de suicidio asistido despenalizado, lo cual no deja de llamar la atención.

El paso de suicidio asistido despenalizado a eutanasia no tiene nada que ver con lo anteriormente expuesto. La despenalización del suicidio asistido modifica uno de los requisitos esenciales del suicidio asistidito, es decir, la asistencia al suicida no tiene reproche penal. Sin embargo, la despenalización de la eutanasia tiene muchas más implicaciones entre las cuales cabe destacar que deja abierta la posibilidad de que no se requiera la voluntad del sujeto pasivo o que este pase a un segundo plano o pueda ser representada, lo cual obliga a muchas más consideraciones, cautelas y regulaciones legales mediante una acotación de todas las implicaciones derivadas por el cambio de la autoría de la muerte que genere seguridad jurídica, garantías del cumplimiento de los supuestos de despenalización y protección de la persona en situación de extrema fragilidad.

Así pues, está en juego la vida de las personas y la posibilidad de intervenir en ellas anticipando el momento de la muerte. En este orden de cosas, cualquier despenalización tanto del suicidio asistido como de la eutanasia, y con más énfasis en esta última, requeriría, por descontado, que la norma de despenalización definiera con precisión los supuestos en los que se pueden dar estas situaciones, determinando si el estado de enfermedad terminal debería ser condición indispensable o si, por otro lado, el padecimiento insufrible permanente pudiera ser también otro supuesto de despenalización, o, como ocurre en algunos países, que no se requerirá ninguna condición en el estado de salud del sujeto pasivo.

Una vez que la norma despenalizadora concreta los supuestos esta debería necesariamente desplegar toda una serie de exigencias que protegieran a los sujetos pasivos para evitar cualquier desviación de la conducta esperada, así como las formas y tipos exigibles de manifestación de la voluntad. En el caso de que fueran precisas varias manifestaciones de la voluntad la norma debería precisar el tiempo de cadencia entre una y otra. Esa norma debería precisar el role de la capacidad de obrar, de legitimación, el papel de la institución de la representación legal y la edad límite, entre otras.

Además, esa hipotética norma despenalizadora debería determinar si los actores colaboradores o inductores deberían gozar de alguna cualificación profesional, así como sobre la necesidad de que la situación de la persona debería estar informada por algún profesional o grupo de profesionales.

Sin duda esa norma despenalizadora debería matizar si la sustancia administrada debería estar autorizada a tal fin; si esta sustancia debería estar soportada por una prescripción facultativa; si el acto de la administración o ayuda debería ser llevado a cabo por el mismo actor que el de la prescripción; si se debería requerir autorización previa para la ejecución del acto de cooperación o de provocación de la muerte; o si dicha autorización previa debería ser judicial o simplemente administrativa, entre otras.

Capítulo 3. La eutanasia y el ordenamiento jurídico español

En el supuesto de que el órgano legislativo deseara aprobar la despenalización de la eutanasia no estaría de más recordarle que la eutanasia pude tener muchas formas y se puede llegar a ella de muchas maneras.

El legislador debería tener en cuenta que en todas ellas debería garantizarse el cumplimiento de los requisitos exigidos, sean esto los que sean, y, por descontado, el control del cumplimiento de estos no podría recaer, en ningún caso, en quienes son o pudieran ser actores de cualquier supuesto de eutanasia sino en unos órganos independientes y dentro de la jurisdicción, los jueces.

El legislador que deseara despenalizar la eutanasia y en consecuencia el suicidio asistido, incluso, podría incrementar las garantías jurídicas de las personas en estas situaciones tan frágiles y especiales de sus vidas, imponiendo dos tipos de control. Un control inicial, que permitiría iniciar el proceso eutanásico, mediante un informe favorable emitido por las habituales comisiones de profesionales, de bioética o similares, y otro control exigible con carácter previo al acto, una autorización judicial por un auto en primera instancia. Todo ello sin menos cabo de los registros y controles posteriores que cada Administración pública competente quisiera imponer.

CAPÍTULO 4

La eutanasia y el derecho sanitario

Derecho sanitario

La existencia de la discusión de si la eutanasia podría incluirse dentro del derecho sanitario o debería ser considerada exclusivamente como materia de derecho penal no es tarea fácil, pues si bien el derecho penal es una rama tradicional del derecho, el derecho sanitario no se entiende así, pues ni se sustenta en ningún código propio ni hace referencia a ninguna disciplina de tronco único, sino que es un área del conocimiento jurídico multidisciplinar que hace referencia al sujeto de derecho, bien pasivo o bien activo, cuando está bajo la influencia de algún tipo de actividad relativa a su salud o que afecta a su salud.

El derecho penal para Cuello Carón es aquel conjunto de normas que determinan los delitos y las penas que el Estado impone a los delincuentes y las medidas de seguridad que él mismo establece.

El derecho penal presenta un carácter esencialmente normativo que ante todo tiene un soporte legal que es la ley escrita que se realiza exclusivamente en la esfera judicial y exclusivamente se aplica por los jueces. En orden a su naturaleza, pertenece al campo del derecho público interno. Siendo el propio Estado su titular y soberano a la hora de elaborar la ley penal y de aplicarla conforme a la Constitución.

El derecho penal no pretende reparar ni la muerte, ni la agresión, cuando se produce lesión del bien jurídico, sino que castiga si se captura al culpable, teniendo normalmente carácter sancionador cuando se ponen en peligro determinados bienes jurídicos cuya lesión resulta intolerable.

La naturaleza de estas normas es sustantiva. El derecho penal y, en particular, el Código Penal están integrados por un conjunto de normas que describen determinadas conductas o comportamientos y establecen penas. Por consiguiente, los contenidos de los diferentes preceptos del Código Penal van referidos a normas de carácter penal que definen delitos y establecen penas. Aunque no todo el conjunto de normas del Código Penal describe delitos y establecen sanciones, pues hay otras normas totalmente procesales. Lo mismo cabe decir de la responsabilidad civil privada del delito, reflejado en el Código Civil y en el artículo 100 de la Ley de Enjuiciamiento Criminal (LECr). Así, el artículo 1092 del C.c. dispone que "las obligaciones civiles que nazcan de los delitos o faltas se regirán por las disposiciones del Código Penal".

El derecho sanitario, por otra parte, es el conjunto de normas del derecho constitucional, administrativo, civil, penal, mercantil, tributario e internacional que intervienen en el sector sanitario o de la salud regulando relaciones, reconociendo derechos, imponiendo obligaciones o estableciendo funcionamientos administrativos o burocráticos tanto para el ciudadano sano, como para el paciente, como para los profesionales de la salud, los proveedores de productos y prestaciones sanitarias o aseguradoras de seguros de la salud.

Cuando nace una relación en base a la salud de una persona, en base a la utilización de sus datos personales de salud o cuando esta relación puede afectar o afecta directa o indirectamente, pero siempre de forma cierta, al estado de salud de alguna persona o de la colectividad surge el derecho sanitario. El término derecho sanitario se comparte con expresiones tales como derecho médico, derecho biomédico o incluso derecho de la salud, este último término no confundir con la expresión derecho a la salud[33].

Podemos encontrar en la bibliografía expresiones tales como que el derecho sanitario es una rama del derecho público, pero para el Congreso Mundial de Derecho Médico de Beijing de 2008 el derecho sanitario es más amplio que todo esto, abarcando al conjunto de normas jurídicas y los preceptos éticos y morales, de carácter público y privado, que regulan la actividad de los proveedores de salud, así como la reglamentación en salud pública o en cualquier actividad que afecta a la misma.

En realidad el derecho sanitario, lejos de pretender aparecer como una rama del derecho, es un área del conocimiento jurídico de carácter horizontal que conjuga a distintas disciplinas del derecho e integra un amplio conjunto de normas jurídicas que atañen a aquellos factores físicos, químicos, biológicos y sociales del entorno de la persona que pueden ejercer efectos sobre la salud de las personas o a aquellas relaciones que surgen del cuidado de la

---

[33] Bestard, JJ. La asistencia sanitaria pública. Madrid. Díaz de Santos. 2015

Capítulo 4. La eutanasia y el derecho sanitario

salud y/o que puedan afectar al derecho jurídico protegido de la salud.

La complejidad de la definición viene avalada por el trabajo de selección y ordenación realizado por María Aguado Abad en la Agencia Estatal Boletín Oficial del Estado el cual ha dado como resultado los siguientes ocho códigos, actualizados en el año 2019: Código Sanitario, Código Sanitario Normativa Autonómica, Código del Sistema Sanitario, Código del Sistema Sanitario Normativa Autonómica, Código de Profesionales Sanitarios, Código de Profesionales Sanitarios Normativa Autonómica, Código del Control Sanitario y Código del Control Sanitario Normativa Autonómica. En cierta forma podríamos entender que, hasta la fecha, el derecho sanitario es todo el contenido que abarcan estos ocho códigos, aunque se debería añadir el Código Laboral y de la Seguridad Social para lo referente a las prestaciones de asistencia sanitaria.

Ubicación de la conducta eutanasia en el derecho sanitario

Atendiendo a la definición de ambos conceptos, derecho penal y derecho sanitario, en términos jurídicos y en base al tratamiento que hace, hoy por hoy, el ordenamiento jurídico de la figura más cercana a lo que se puede entender por eutanasia, en una primera consideración, poco tendría que ver esta con el derecho sanitario. Es el derecho penal el que detecta una lesión de un bien jurídico protegido y en consecuencia actúa para protegerlo y lo hace, en el caso de la conducta eutanásica en España, en el artículo 143.4 del Código Penal.

Pero, a su vez, se necesario detenerse en la situación se plantea cuando de lo que se trata es de un tipo penal que exige que el sujeto pasivo[34] sea una persona que esté previamente enferma o en grave estado de padecimiento permanente e insoportable, pues en este caso el requisito exigible conecta el tipo con una situación netamente sanitaria y esto es lo que ocurre con el artículo 143.4 el Código Penal. Sin duda esta condición que determina la naturaleza del artículo 143.4 es un nexo claro con lo sanitario, sin embargo, no parece que explique o signifique una relación jurídica generadora derechos u obligaciones, sino que manifiesta una característica del sujeto pasivo y que por muy determinante que pueda llegar a ser no

---

[34] El sujeto pasivo es el suicida desde el punto de vista del cooperante o desde el punto de vista del Artículo 143 del Código Penal, dado que el objeto del Artículo 143 es penar la acción de quien induce o coopera en el suicidio de otro y no la conducta del suicida. El suicida es sujeto pasivo y activo cuando la cuestión se analiza desde el punto de vista del suicido propiamente dicho.

tendrá relación con lo que viene a entenderse por derecho sanitario.

Más clara sería la relación del tipo penal con el derecho sanitario el caso de que la denominada conducta eutanásica se ciñera a la gravedad clínica de enfermos o pacientes y que el acto de poner fin a la vida se tuviera que producir necesariamente por un profesional de la medicina, una vez regulado por el Estado, por supuesto, todos los supuestos objetivos y subjetivos, los actores y los límites.

En cualquier caso, el artículo 143.4 del Código Penal no actúa como una norma reguladora de una determinada conducta (suicidio asistido eutanásico), sino que como toda norma penal actúa ex post, es decir, actúa como una norma coercitiva y punitiva una vez que ya se ha producido el hecho, fallecimiento de una persona llevado a cabo por ella misma constatándose que ha intervenido una tercera persona y que esta, a su vez, demuestra que su actuación fue requerida por el propio suicida como consecuencia de su enfermedad terminal o padecimiento insufrible. A quien compete dicho tipo es al cooperante y no al suicida o sujeto pasivo receptor de la cooperación y nada dice la norma sobre la cualificación profesional que debiera tener ese determinado cooperante, ni por supuesto nada dice de su condición de profesional de la salud.

Aunque si atendemos a la parte de la doctrina que entiende que el supuesto del artículo 143.4 del Código Penal, suicidio asistido eutanásico, podría entenderse como eutanasia activa y que la eutanasia pasiva además de estar despenalizada en el Código Penal viene regulada en el supuesto de las voluntades previas de la Ley 41/2002 y de las distintas leyes autonómicas que al respecto se han aprobado, entonces la eutanasia si pudiera inscribirse dentro del derecho sanitario. Sin embargo, la distinción entre eutanasia pasiva y activa no está bien sustentada y entraña muchas dudas y no pocas contradicciones.

En otras palabras, la eutanasia entendida como la privación de la vida de otra persona por razones humanitarias que sufre una enfermedad terminal o situación de invalidez irreversible y desea poner fin a su sufrimiento, podría tratarse de una materia integrante dentro del derecho sanitario siempre y cuando el actor que provocara o intermediara en la muerte fuese un profesional de la medicina y que la causa de la muerte estuviera directamente vinculada con una sustancia o proceso clínico, en acción u omisión.

En este orden de cosas, por otra parte, la muerte provocada, o intermediada, a un enfermo terminal o inválido permanente por una persona que no tuviera conocimientos ni titulación sanitaria suficiente o que el acto u omisión que le produjera la muerte no tuviera ninguna relación con un proceso clínico, no podría ser pacíficamente entendida como materia del derecho sanitario, sino que habría que encontrarle otro encaje dogmático.

En todo caso cabe recordar al lector que no es lo mismo atenuar la pena de un delito, que despenalizar un supuesto o que eximir de responsabilidad al sujeto activo de un delito o que regular una determinada actividad legalizándola. Las consecuencias de una u otra cosa son de suma importancia tanto por el hecho de que la carga de la prueba se ubica de distinta forma en un caso que en el otro, como que atenuar la pena de un delito, despenalizar un supuesto o eximir de responsabilidad al sujeto activo de un delito no extrae el hecho del Código Penal sino que introduce situaciones no punibles una vez que el actor demuestra que se sus actos se encuentran dentro de dichos supuestos. Mientras que cuando una situación está regulada, definida y legalizada mediante una ley nadie tiene que demostrar que se actuó correctamente sino es quien acusa de incumplimiento quien debe demostrar la existencia de este.

La despenalización de la eutanasia y el nuevo escenario en el derecho sanitario

La despenalización de supuestos relativos a la eutanasia o al suicidio asistido, y por supuesto su regulación y legalización, introduciría un nuevo escenario en el derecho sanitario si apareciera el estado de salud como hecho determinante de inimputabilidad y más si cabe si se exigiera la participación de un profesional de la salud en dicho proceso final. En esta nueva situación habría que aclarar la naturaleza de los actos y de los profesionales actores de los mismos.

Sin embargo, la despenalización de estos supuestos no implica automáticamente su inclusión como una prestación de la Seguridad Social. La introducción de la eutanasia como prestación de la Seguridad Social o en la cartera de servicios del Sistema Nacional de Salud incluiría directamente a la eutanasia dentro del derecho sanitario e introduciría una gran complejidad en el sector sanitario.

La inclusión de la eutanasia, una vez despenalizada, como prestación pública estaría a lo que dispusiera la norma de despenalización o en su defecto al Real Decreto 1030/2006, de 15 de septiembre, por el que se establece la cartera de servicios comunes del Sistema Nacional de Salud y a su procedimiento de actualización. En sentido estricto, podría entenderse que, a los efectos mencionados, el Real Decreto 1030/2006 precisaría una reforma, como poco en su artículo 5. Además, en algún momento debería definirse dicha prestación y calificarla bien como prestación de atención primaria o bien prestación de atención especializada.

A su vez la inclusión de la eutanasia dentro de la cartera de servicios del sistema público sanitario y la exigencia del profesional de la medicina como actor principal, abriría una serie de dudas en cuanto al acto de prescripción y a los medicamentos o sustancias utilizadas en dicha prescripción, requiriendo una revisión de la Ley 29/2006, de 26 de julio, de garantías y uso racional de los medicamentos y productos sanitarios, para su actualización, en su caso.

Este nuevo elemento normativo y la inclusión de profesional de la salud como actor en su procedimiento obligaría a la revisión de los Códigos Deontológicos de los colegios oficiales de los profesionales del sector de la salud.

No cabe duda de que si entrara la consideración de la eutanasia dentro del derecho sanitario nacería la necesidad de una regulación clara y transparente y suficientemente garantista para salvaguardar tanto los derechos de las personas como sus bienes jurídicos protegidos y por otra parte regular los derechos y las obligaciones de los profesionales de la salud en este nuevo y difícil escenario, en caso contrario se crearían graves e insuperables conflictos. Además, la actual situación de indefinición no beneficia a ningún sector ni a ninguna tendencia doctrinal.

Despenalizar determinados supuestos en el fenómeno de la eutanasia obligaría sin duda, como mínimo, a definirla y a desplegar, entorno a su definición, una normativa clara[35, Anexo XII], pero que con toda seguridad no lograría, por muy exhaustiva que fuera, dar por cerrado ni el debate dogmático ni el debate social. Mientras que, por otra parte, si el segundo paso fuese reconocer la eutanasia como un derecho dentro del derecho sanitario introduciría, sin duda, nuevos dilemas y su navegación dentro del ordenamiento jurídico se complicaría de forma significativa abocando, entre otros, al escenario legal de la objeción de conciencia, de extremada relevancia dentro de los derechos civiles.

---

[35] El autor incorpora unas citas de su Libro "La asistencia sanitaria pública" con el objeto de que el lector entienda mejor a qué tipo de claridad se refiere en su escrito. Ver Anexo II

Cuidados Paliativos

CAPÍTULO 5

Los Cuidados Paliativos, o cuidados tipo *hospice* como se denominaron en muchos países anglosajones, son un tipo especial de cuidados diseñados para proporcionar bienestar o confort y soporte a los pacientes y sus familias en las fases finales de una enfermedad terminal, según la Sociedad Española de Cuidados Paliativos (en adelante también, SECPAL).

Los Cuidados Paliativos procuran que los pacientes dispongan de los días que les resten conscientes y libres de dolor, con los síntomas bajo control, de tal modo que los últimos días puedan discurrir con dignidad, en su casa o en un lugar lo más parecido posible, rodeados de la gente que les quiere.

Los Cuidados Paliativos ni aceleran ni detienen el proceso de morir, ni prolongan la vida y tampoco aceleran la muerte. Este tipo de cuidados solamente intentan estar presentes y aportar los conocimientos especializados de cuidados médicos y psicológicos, y el soporte emocional y espiritual durante la fase terminal en un entorno que incluye el hogar, la familia y los amigos. La atención posterior al fallecimiento es fundamental para los miembros de la familia o algunos amigos. Esta es la filosofía de los Cuidados Paliativos que comenzó en Londres en la década de los sesenta[36].

Origen. El legado de Cicely M. Saunders

El conjunto de conocimientos y técnicas aplicados a la predicción, prevención, diagnóstico y tratamiento de las enfermedades humanas y, en su caso, a la rehabilitación de las secuelas que puedan producir, puede entenderse por medicina[37].

Los orígenes de la medicina son, sin duda, muy antiguos. Si dejamos que los hallazgos de los primeros huesos con trepanaciones actúen como indicadores de la presencia de la medicina en la sociedad, es en el neolítico en donde aparecen los primeros. En la época del Antiguo Egipto (con 3.000 años de historia) se

---

[36] Página web de SECPAL (20/05/2019) https://www.secpal.com / secpal_historia-de-los-cuidados-paliativos-1
[37] Real Academia Española. Diccionario de la Lengua Española

desarrollaron los primeros pasos de la medicina. Pero también en la India, China, América (precolombina), Grecia, Roma y Bizancio emergieron sus propias formas de practicar la medicina e intentos profesionales para mitigar el dolor y el efecto de las enfermedades conocidas.

En el siglo XXI se entiende que la medicina es la disciplina científica que con la ayuda de otras ciencias se dedica al estudio de la vida y las enfermedades, atendiendo a quien demanda sus servicios bien por estar enfermos o bien por creer estarlo, mediante el método del diagnóstico, tratamiento y seguimiento, utilizando la prevención, la promoción de la salud y la educación para la salud como técnicas para el mantenimiento de la salud en buen estado.

Sin embargo, también puede entenderse la medicina en un sentido más amplio en tanto sus funciones en la prestación de la salud pública, atención primaria, atención especializada, atención sociosanitaria, atención de urgencias, atención farmacéutica, atención ortopédica, atención dietética y atención del transporte sanitario[38].

---

[38] Artículos 11 a 19 de la Sección 1º. Ordenación de Prestaciones. Del Capitulo I. de las prestaciones. Ley 16/2003, de 28 de mayo, de cohesión y calidad del Sistema Nacional de Salud

Desde otro punto de vista, el normativo, se puede acudir al ordenamiento jurídico e inferir las funciones que le asigna a la medicina, como concepto alternativo al de sanidad. En este orden de cosas, medicina es también el conjunto de acciones de un sistema sanitario que incluyen la promoción de la salud, la educación sanitaria, la prevención, la asistencia en caso de enfermedad, la rehabilitación, la investigación y la formación sanitaria[39].

En el año 2007 la Fundación Víctor Grífols y Lucas publicó, en una segunda edición, el estudio realizado por los representantes de catorce países, industrializados y en vías de desarrollo sobre el nuevo paradigma de la medicina y sus fines. En este grupo de trabajo participó como representante por España el profesor Dr. Diego Gracia Guillen. El trabajo fue publicado con el título "Los fines de la Medicina"[40].

Ese estudio cuestiona de nuevo los fines tradicionales de la medicina considerando que los fines deberían ser cuatro. Como valores elementales de la medicina, contribuirán a preservar la integridad de la medicina frente a las presiones políticas y sociales que defienden

---

[39] Artículo 2. Ley 12/2001, de 21 de diciembre, de Ordenación Sanitaria de la Comunidad de Madrid
[40] Callahan, D. "Los fines de la medicina" Fundació Víctor Grífols i Lucas. Barcelona, 2004. ISBN 978-84-690-6480-1

unos fines ajenos o anacrónicos. De esta forma, se resumen cuatro fines:

- La prevención de enfermedades y lesiones y la promoción y la conservación de la salud.
- El alivio del dolor y el sufrimiento causados por males.
- La atención y curación de los enfermos y los cuidados a los incurables.
- La evitación de la muerte prematura y la búsqueda de una muerte tranquila.

Los grandes avances en las ciencias básicas e ingenierías y sus aplicaciones en la medicina, junto con los grandes avances de las sociedad, derechos humanos presentes en todo acto y en toda valoración política y de desarrollo humano, junto a los cambios demográficos, culturales y políticos, junto a los cambios epidemiológicos producto de múltiples factores económicos y ambientales, junto a los avances tecnológicos y a la globalización de los mismos, junto a los importantísimos logros en la autonomía de la persona, su dignidad y su capacidad de desarrollo, junto a la implantación de la sociedad del consumo en prácticamente todas las culturas, y junto otros factores decisivos en la vida de todo el mundo, ha ido cambiando la percepción de la salud en las personas y sobre todo la percepción de la muerte y su inexorable conjunción con la medicina.

Los avances en la práctica médica y los grandes avances en la tecnología sanitaria como pueden ser la respiración artificial, la resucitación cardiopulmonar con la generalización de la cardioversión, la terapia endovenosa ligada a la nutrición y la atención cada vez más eficiente de los accidentes y en especial los del tráfico vial, entre todos ayudaron al resurgimiento de la terapia intensiva y al mantenimiento y prolongación por acción externa de la vida.

Durante la segunda mitad del siglo XX emergieron y se manifestaron las contraindicaciones de la aplicación de los avances en la medicina sin criterio ni protocolo, se constató que la muerte o el morir se había medicalizado y que este proceso, no previsto ni buscado, estaba causando importantes efectos no deseados.

Esta situación descrita junto al surgimiento de la sociedad del bienestar y junto al cambio del modelo familiar, en especial, en la atención y cuidados de las personas mayores, provocó el nacimiento de corrientes de pensamiento que llevaron a muchos profesionales de la medicina y a muchos grupos sociales a demandar lo que se vino a denominar simbólicamente la "humanización de la medicina", surgiendo el movimiento *hospice*.

Hay quien atribuye el inicio del movimiento *hospice* al siglo XIX, con los hospicios de Dublín y Londres. Sin embargo, la primera vez que se utiliza el término *hospice* en el cuidado de moribundos fue en Lyon, Francia, en 1842 y en Nueva York en 1899.

La doctora Cicely M. Saunders (1908-2005) es la madre de los Cuidados Paliativos actuales. Esta enfermera y médico en 1961, tras una larga carrera profesional de formación y experiencia, inicia el grupo fundacional del St. Christopher's Hospice que fue inaugurado en 1967 en Sydenham, Londres[41],[42].

El libro "Cuidados de la enfermedad maligna terminal" dirigido por Saunders, fue publicado en la década de los 70 y en España se divulgó por Salvat editores[43] en 1980. En este excelente

---

[41] "Historia de los cuidados paliativos & Movimiento Hospice" Sociedad Española de Cuidados Paliativos. SECPAL. ICEPS. Las Palmas. 1988

[42] Vidal, MA. Torres ML "In memoriam Cicely Saunders, fundadora de los Cuidados Paliativos" Rev. Soc. Esp. Dolor vol.13 no.3 Madrid abr. 2006

[43] Saunders, CM. Ruiz Ayuso, F. "Cuidados de la enfermedad maligna terminal". Ed. Salvat editores. España. 1980. ISBN: 84-345-1832-5

documento la autora explica su doctrina y la formar de abordarla.

Conceptos previos a la definición de los Cuidados Paliativos

A) Buena praxis médica

La buena praxis médica es la actuación médica y desarrollo profesional del médico sustentada en el suficiente conocimiento clínico y científico imperante, tenido en cuenta la situación personal y social del paciente, o de quien requiera sus servicios, y el entorno sociocultural en el que desempeña sus funciones.

A la buena praxis médica se le contrapone la mala praxis médica y se entiende como la acción u omisión profesional del médico contraria a la correcta aplicación de los conocimientos que se supone debe tener.

La diferencia entre "elección de un estándar o protocolo" o indicación y *lex artis* es clara. La "elección de un estándar o protocolo" o indicación en medicina hace referencia, en primer lugar, a un criterio determinado y concreto, a una tarea de valoración y comparación, en segundo lugar, a una tarea de ponderación riesgo-beneficio, en tercer lugar, a la posición del riesgo inherente para el paciente que pueda entrañar la aplicación de una u otra técnica o medida terapéutica y por último, a la/s alternativa/s a la misma. La indicación se hace en busca de una respuesta o de un resultado, un profesional no adopta una indicación solo para cumplir con una obligación sino para buscar una solución o una respuesta a una pregunta. La indicación contesta a la pregunta ¿qué medida se propone y por qué?

La *lex artis* trata de buscar lo que la ciencia opina sobre un determinado caso ya tratado, no siendo solo la aplicación de un protocolo en concreto sino el conjunto de criterios que permita saber si se contradijo algún principio intransgredible, o si el profesional utilizó todos los medios que de forma razonable tenía a su disposición. No busca resultados concretos sino conductas profesionales.

La justicia a través de la *lex artis* busca responder a la pregunta ¿cumplió el facultativo con la obligación que le confiere su deber profesional? ¿con la diligencia debida? ¿hubo error inadmisible?

La *lex artis* es una exigencia de mínimos para descartar el error inadmisible como causa de una lesión y la buena praxis es la forma de ejercer la función médica atendiendo a la voluntad del paciente y al conocimiento de las limitaciones de la misma.

B) Enfermedad irreversible y enfermedad terminal

Enfermedad irreversible es aquella que no tiene cura, pudiendo ésta comprometer la autonomía del paciente en distintos grados, desde un compromiso mínimo y compatible con el desarrollo habitual de la vida cotidiana del enfermo, hasta ocasionar un alto compromiso de la autonomía de la persona de tal forma que le impida poder valerse por sí misma y necesite ayuda para todas y cada una de sus actividades personales. En la literatura internacional, en ocasiones se confunde la expresión enfermedad irreversible con enfermedad terminal.

Enfermedad terminal, son todas irreversibles y son aquellas que tiene como causa la muerte del paciente en un tiempo relativamente corto. Para SECPAL[44], en la situación de enfermedad terminal concurren una serie de características que son importantes no sólo para definirla, sino también para establecer adecuadamente la terapéutica, Los elementos fundamentales son:

1. Presencia de una enfermedad avanzada, progresiva, incurable.

---

[44] https://www.secpal.com/ biblioteca_guia- cuidados-paliativos_2 - definicion- de-enfermedad-terminal

2. Falta de posibilidades razonables de respuesta al tratamiento específico.
3. Presencia de numerosos problemas o síntomas intensos, múltiples, multifactoriales y cambiantes.
4. Gran impacto emocional en paciente, familia y equipo terapéutico, muy relacionado con la presencia, explícita o no, de la muerte.
5. Pronóstico de vida limitado.

Esta situación compleja produce una gran demanda de atención y de soporte, a los que se debe responder adecuadamente.

C) Obstinación terapéutica

La obstinación terapéutica, más habitualmente conocida como "encarnizamiento terapéutico", es la instauración o continuación de medidas médicas carentes de ningún fin y con el único objetivo que prologar la vida del paciente cuando este está abocado irreversiblemente a la muerte[45]. Sin duda no es compatible con la buena praxis médica.

La Asociación Médica Mundial en su XXXV Asamblea en 1983, definía el encarnizamiento u obstinación terapéutica: *todo tratamiento*

---

[45] de Miguel Sánchez, C. López Romero, A. "Eutanasia y suicidio asistido: conceptos generales, situación legal de Europa, Oregón y Australia (I)" Med Pal. Vol 13: Nº 4: 207-215. Madrid 2006

extraordinario del que nadie puede esperar ningún tipo de beneficio para el paciente[46].

D) La limitación del esfuerzo terapéutico

En medicina no es infrecuente que un tratamiento sea "no a hacer" o "no tratar", pues tratamiento es siempre relativo a indicación terapéutica, lo contrario es mala praxis. Un tratamiento innecesario, excesivo o sobre dosificado es un error no admisible y sujeto a responsabilidades.

En medicina se actúa en base a la evidencia, un tratamiento no indicado no se puede prescribir. La limitación del esfuerzo terapéutico (LET) implica conocer la irreversibilidad de una patología y la obligación de retirar un tratamiento incensario manteniendo sólo lo que garantice el bienestar del paciente.

Limitación del esfuerzo terapéutico, como criterio de calidad asistencial, se entiende como no permitir el empleo de medidas extraordinarias o desproporcionadas de mantención vital o suspender todo tratamiento cuando ya se ha instaurado el proceso de muerte[47].

---

[46] Novoa Blanco M. "Cuidados paliativos y bioética" Asociación Española de Bioética y Ética Médica. Cuadernos de Bioética 1998
[47] Betancourt, GJ "Limitación del esfuerzo terapéutico versus eutanasia: una reflexión Bioética" Humanidades Médicas 2011;11(2):259-273

E) Rechazo del tratamiento

En base a la doctrina de la autonomía de la voluntad, es un derecho por el que una persona que sufre una enfermedad expresa, de manera verbal o por escrito, la voluntad de no aceptar una determinada actuación clínica. En España, y en muchos otros países, está amparado por la ley[48].

En España la libertad de admisión de tratamiento viene establecida en el artículo 2.4 de la Ley 41/2002, de 14 de noviembre, básica reguladora de la autonomía del paciente y de derechos y obligaciones en materia de información y documentación clínica[49].

El artículo 11 de la misma ley, vuelve a insistir en la liberta de rechazar el tratamiento en las instrucciones previas.

F) Voluntades anticipadas

El Documento de Voluntades Anticipadas (DVA), también llamado Testamento Vital o Instrucciones Previas, es un documento en el que una persona mayor de edad, capaz y que

---

[48] de Miguel Sánchez, C. López Romero, A. "Eutanasia y suicidio asistido: conceptos generales, situación legal de Europa, Oregón y Australia (I)" Med Pal. Vol 13: Nº 4: 207-215. Madrid 2006

[49] Artículo 2.4. Todo paciente o usuario tiene derecho a negarse al tratamiento, excepto en los casos determinados en la Ley. Su negativa al tratamiento constará por escrito.

actúa con libertad, manifiesta su voluntad a través de las instrucciones sobre los cuidados y tratamientos médicos que quiere recibir en caso de que se encuentre en una situación en la que no pueda decidir por sí misma o expresar libremente su voluntad.

En España, tal como ya se ha visto anteriormente, todas las Comunidades Autónomas han legislado al respecto de las Instrucciones Previas y vienen reguladas con carácter básico por ley 41/2002 concretamente por el siguiente tenor literal[50]: *"Por el documento de instrucciones previas, una persona mayor de edad, capaz y libre, manifiesta anticipadamente su voluntad, con objeto de que ésta se cumpla en el momento en que llegue a situaciones en cuyas circunstancias no sea capaz de expresarlos personalmente, sobre los cuidados y el tratamiento de su salud o, una vez llegado el fallecimiento, sobre el destino de su cuerpo o de los órganos del mismo. El otorgante del documento puede designar, además, un representante para que, llegado el caso, sirva como interlocutor suyo con el médico o el equipo sanitario para procurar el cumplimiento de las instrucciones previas".*

---

[50] Artículo 11 de la Ley 41/2002, de 14 de noviembre, básica reguladora de la autonomía del paciente y de derechos y obligaciones en materia de información y documentación clínica

G) Sedación en los Cuidados Paliativos

La Asociación Española Contra el Cáncer publica en su web[51] la definición que dan al concepto de sedación dentro de los Cuidados del paciente, con una enfermedad terminal. De tal forma la AECC entiende que dentro de los Cuidados Paliativos se aplica la sedación para anular el sufrimiento evitable de un paciente que tiene síntomas que no se pueden controlar con los tratamientos habituales, es lo que conocemos como síntomas refractarios. El objetivo es conseguir el máximo confort físico, psicológico y espiritual del enfermo. Hay dos tipos de tipos de sedación:

- Sedación paliativa: es la administración de fármacos, en las dosis y combinaciones mínimas necesarias para reducir la consciencia del paciente con enfermedad avanzada o en fase terminal, con el fin de aliviar los síntomas refractarios.

- Sedación en la agonía: es la aplicación de fármacos que buscan la disminución profunda y previsiblemente irreversible de la conciencia en un enfermo cuya muerte se prevé muy próxima, es decir cuando se encuentra en la fase de agonía. Con esta sedación se pretende evitar el sufrimiento del paciente en los últimos

---

[51] https://www.aecc.es/es/todo-sobre-cancer/viviendo-con-cancer/final-vida/sedacion-paliativa

momentos de su vida, y conseguir una muerte confortable, sea en el hospital o el domicilio.

La AECC, de acuerdo con la SECPAL, entiende que siempre que se aplica la sedación hay que diagnosticar claramente la situación en que se encuentra el enfermo, identificando los síntomas refractarios (síntomas que no se pueden controlar con los tratamientos habituales). Pero del mismo modo, es importante conocer las necesidades del paciente y su familia facilitándoles toda la información que soliciten, así como establecer una comunicación fluida entre sanitarios y familiares.

En este orden de cosas el Dr. Álvaro Gándara del Castillo de la Sociedad Española de Cuidados Paliativos (SECPAL) y la AECC determinan que para poder administrar la sedación es preciso un consentimiento explícito, implícito o delegado. A su vez, estos expertos en la materia manifiestan que debe seguirse un protocolo definido, tanto en hospitales como en domicilios, por parte de profesionales cualificados (especialistas en cuidados paliativos) o con experiencia y conocimiento de las habilidades técnicas y actitudes éticas requeridas.

Todo el proceso de sedación deberá quedar debidamente constatado en la historia clínica anotando no tan solo su indicación sino también la respuesta del nivel de ansiedad y del nivel de conciencia (escala de Ramsay u otras). Uno de los criterios de la calidad para SECPAL es tanto el trabajo en conjunto del equipo de Caudados Paliativos en la toma de decisiones, la comunicación con el enfermo y sus familias y el registro de todo el proceso en la historia clínica del paciente.

Cuidados paliativos

Según la proposición de ley pendiente de aprobación por el Senado Español[52] los cuidados paliativos son: *el conjunto coordinado de acciones dirigido a la atención activa de los pacientes cuya enfermedad no responde al tratamiento curativo, siendo primordial el control del dolor y de otros síntomas, así como de los problemas psicológicos, sociales y espirituales. Los cuidados paliativos son interdisciplinares en su enfoque e incluyen al paciente, la familia y su entorno. Cubren las necesidades del paciente con independencia de donde esté siendo cuidado, ya sea en el centro sanitario o social o en su domicilio y tienen por objeto preservar la mejor calidad de vida posible hasta el final. Forma parte de la buena práctica médica.*

---

[52] Proposición de Ley de derechos y garantías de la dignidad de la persona ante el proceso final de su vida, admitida por el Senado el 4 de enero de 2019

La Asociación Europea de Cuidados Paliativos define Cuidados Paliativos como: *El cuidado paliativo es el cuidado activo y total de las personas cuya enfermedad no responde al tratamiento curativo. El manejo del dolor, de otros síntomas y de los problemas sociales, psicológicos y espirituales es primordial. Los cuidados paliativos son interdisciplinarios en su enfoque y abarcan al paciente, la familia y la comunidad en su alcance. En cierto sentido, los cuidados paliativos son para ofrecer el concepto más básico de atención: el de satisfacer las necesidades del paciente donde sea que lo atiendan, ya sea en el hogar o en el hospital. Los cuidados paliativos afirman la vida y consideran la muerte como un proceso normal; no acelera ni pospone la muerte. Se propone preservar la mejor calidad de vida posible hasta la muerte.* Anexo XIII

La guía de los Cuidados Paliativos

La Sociedad Española de Cuidados paliativos (SECPAL) publica en su página web *la guía para los cuidados paliativos*, un escrito muy detallado de todo lo relacionado con los Cuidados Paliativos. En esta guía se especifica por una parte las bases de la terapéutica y por otra parte los instrumentos básicos.

La guía mencionada determina que las bases de la terapéutica en pacientes terminales serán:

1. la atención integral, que tenga en cuenta los aspectos físicos, emocionales, sociales y espirituales. Forzosamente se trata de una atención individualizada y continuada

2. el enfermo y la familia son la unidad a tratar. La familia es el núcleo fundamental del apoyo al enfermo, adquiriendo una relevancia especial en la atención domiciliaria. La familia requiere medidas específicas de ayuda y educación

3. la promoción de la autonomía y la dignidad al enfermo tienen que regir en las decisiones terapéuticas. Este principio sólo será posible si se elaboran "con" el enfermo los objetivos terapéuticos

4. la concepción terapéutica activa, incorporando una actitud rehabilitadora y activa que nos lleve a superar el "no hay nada más que hacer", nada más lejos de la realidad y que demuestra un desconocimiento y actitud negativa ante esta situación

5. la importancia del "ambiente". Una "atmósfera" de respeto, confort, soporte y comunicación influyen de manera decisiva en el control de síntomas. La creación de este ambiente depende de las actitudes de los profesionales sanitarios y de la familia, así como de medidas organizativas que den seguridad y promocionen la comodidad del enfermo.

Por otra parte, la guía se refiere a que la calidad de vida y confort de nuestros pacientes antes de su muerte pueden ser mejoradas considerablemente mediante la aplicación de los conocimientos actuales de los Cuidados Paliativos, cuyos instrumentos básicos son:

1. Control de síntomas: Saber reconocer, evaluar y tratar adecuadamente los numerosos síntomas que aparecen y que inciden directamente sobre el bienestar de los pacientes. Mientras algunos se podrán controlar (dolor, disnea, etc.), en otros será preciso promocionar la adaptación del enfermo a los mismos (debilidad, anorexia, etc.).

2. Apoyo emocional y comunicación con el enfermo, familia y equipo terapéutico, estableciendo una relación franca y honesta.

3. Cambios en la organización, que permitan el trabajo interdisciplinar y una adaptación flexible a los objetivos cambiantes de los enfermos.

4. Equipo interdisciplinar, ya que es muy difícil plantear los Cuidados Paliativos sin un trabajo en equipo que disponga de espacios y tiempos específicos para ello, con formación específica y apoyo adicional.

La guía apunta que es importante disponer de conocimientos y habilidades en cada uno de estos apartados, que constituyen verdaderas diciplinas científicas. Es requisito indispensable el adoptar una actitud adecuada ante esta situación, a menudo límite para el propio enfermo, familia y equipo terapéutico.

Diferencias entre Cuidados Paliativos y eutanasia

Ni la sedación paliativa ni la de la agonía son eutanasia ni eutanasia encubierta. La sedación y la eutanasia tienen objetivos terapéuticos diferentes, así como en los procedimientos y resultados obtenidos.

La sedación pretende aliviar el sufrimiento del enfermo sin acelerar la muerte, mientras que la eutanasia busca la muerte anticipada del paciente de forma deliberada mediante aplicación de fármacos a dosis letales[53].

En los Cuidados Paliativos la sedación puede tener un doble efecto, por una parte, el alivio del sufrimiento del enfermo y otra parte, el efecto indeseado de la disminución del nivel de conciencia. Las grandes diferencias entre los Cuidados Paliativos y eutanasia pueden resumirse en la Tabla 4.

En la eutanasia el efecto buscado es la muerte, en la Cuidados Paliativos la muerte no se busca ni tan siquiera puede considerarse un

---

[53] https://www.aecc.es/es/todo-sobre-cancer/ viviendo-con-cancer/ final-vida/sedacion-paliativa

efecto indeseado de la sedación, dado que el paciente fallece como consecuencia de su enfermedad y no como consecuencia de la voluntad de morir[54].

Tabla 5. Diferencias entre Cuidados Paliativos y eutanasia

	Cuidados Paliativos	Eutanasia
Causa	En enfermedades terminales	En enfermedades terminales, graves padecimientos difíciles de soportar o sin causa grave
Fin	La muerte no es el objetivo, el paciente se muere por su enfermedad	El objetivo es la muerte, es decir, la actuación provoca directa y únicamente la muerte
Intención	La sedación reduce el sufrimiento	Se provoca el fin de la vida
	La sedación busca el estado de indiferencia en la conciencia del paciente	Se busca eliminar la vida física
Procedimiento	En la sedación la dosis de los fármacos se adecuan a la respuesta del paciente	La dosis de los fármacos son dosis única y letal. Acción irreversible
Resultado	En la sedación el parámetro de éxito de la administración farmacológica es el alivio del paciente	El parámetro de éxito de la administración farmacológica es la muerte del paciente
Hidratación	La hidratación parenteral es opcional solo en paciente agónico	

---

[54] El Grupo de Trabajo sobre "La Atención Médica al Final de la Vida" de la Organización Médica Colegial (OMC) y de la Sociedad Española de Cuidados Paliativos (SECPAL)

Resumiendo, los Cuidados Paliativos y la eutanasia son conceptos bien distintos que atienden a naturalezas muy diferentes porque obedecen a intenciones y procedimientos que nada tienen que ver en un caso y en el otro y buscan resultados distintos.

CAPÍTULO 6

Conclusiones

La eutanasia trata de la muerte y de la vida. Está en juego el bien jurídico protegido de la vida existiendo, en la doctrina, dudas sobre si la vida es un bien de libre disposición.

La eutanasia es un concepto complejo, un fenómeno con múltiples variantes si bien implica casi siempre a un enfermo y una enfermedad terminal, en casi todos los casos implica la muerte solicitada y la voluntad del enfermo, a su vez, las definiciones suelen implicar un acto médico, aunque no siempre. El sector jurídico y el médico demandan concreción en las definiciones al respecto.

La conducta más parecida a la eutanasia aparece tipificada en el artículo 143 del Código Penal sobre el suicidio asistido. Concretamente aparece en su punto 4 atenuando los supuestos del punto 2, cooperación necesaria, y del punto 3, cooperación activa, cuando el suicida, estando gravemente enfermo o sufriendo un padecimiento permanente e insoportable, solicita expresamente que le ayuden a acabar con su vida.

El artículo 143.4 del Código Penal, a juicio del autor, tipifica el suicidio asistido eutanásico, nada que ver con la eutanasia.

En conclusión, nuestro Código Penal trata lo que podría entenderse por comportamiento eutanásico, como una figura atenuada de una forma especial de homicidio, la cooperación al suicidio, y en cierta forma tolera la comisión por omisión o lo que parte de la doctrina viene a denominar como eutanasia pasiva.

Parte de la dogmática y de la doctrina vienen a distinguir la eutanasia activa y la eutanasia pasiva. En este orden de cosas, este sector doctrinal entiende que la eutanasia pasiva no solo está tolerada por el Código Penal, sino que está regulada por el supuesto de las voluntades previas de la Ley 41/2002 y de las distintas leyes autonómicas que al respecto se han aprobado. No son poco los expertos que niegan la existencia de la eutanasia activa y la eutanasia pasiva, argumentando que esta distinción no es teológicamente posible.

Hoy por hoy es difícil considerar el supuesto del artículo 143.4 del Código Penal, suicidio asistido eutanásico, como una cuestión a considerar dentro del derecho sanitario. En caso de que se entienda que la Ley 41/2002 alude a la eutanasia pasiva, entonces esta figura se podría incluir dentro del derecho sanitario.

Una despenalización de la eutanasia y en consecuencia del suicidio asistido eutanásico que incluyera como requisito básico la existencia de una enfermedad terminal o el padecimiento de un sufrimiento insoportable permanente y que exigiera como actor activo principal a un profesional sanitario, entonces sí que tendría cabida dentro del derecho sanitario.

La despenalización de estos supuestos no implica automáticamente su inclusión como una prestación de la Seguridad Social, sino habría que estar a lo que dispusiera en esta materia la ley de despenalización o acudir al Real Decreto 1030/2006, que posiblemente requiriera una actualización, y la definición de dicha prestación como de atención primaria o de atención especializada. La exigencia del profesional de la medicina como actor principal requeriría una revisión de la Ley 29/2006, de 26 de julio, de garantías y uso racional de los medicamentos y productos sanitarios, para su actualización, en su caso.

Este nuevo elemento normativo y la inclusión de profesional de la salud como actor en su procedimiento obligaría a la revisión de los Códigos Deontológicos de los colegios oficiales de los profesionales del sector de la salud.

Cualquier decisión en relación a la modificación del tratamiento que hasta ahora ha dado el ordenamiento jurídico español a las conductas eutanásicas debe estar revestida de un especial rigor y de suficientes medidas de control y protección.

La proposición de Ley de derechos y garantías de la dignidad de la persona ante el proceso final de su vida, admitida por el Senado el 4 de enero de 2019 es relativa a los Ciudadanos Paliativos. La eutanasia y los Cuidados Paliativos son cosas muy distintas.

Se puede afirmar que lo cierto es que la legalización de la eutanasia no existe en ningún país, aunque en el caso de Bélgica caben ciertas dudas. A lo sumo se han despenalizado determinados supuestos dentro de lo que se entiende por eutanasia, fuera de estos supuestos es un delito en todos los casos.

Finalmente, aconsejar a los políticos que sean precisos y rigurosos en sus alocuciones cuando hagan uso de estos temas, tan sumamente delicados, pues confundir a la sociedad no beneficia a nadie y, sin embargo, crea, innecesariamente, desasosiego y falsas expectativas.

Para concluir, en todo caso, cualquier despenalización debe gozar de las necesarias garantías jurídicas mediante controles suficientes.

Índice analítico de voces

A

acción · 23, 24, 39, 40, 47, 52
acción letal · 59
acción punitiva · 39
acelerar la muerte · 99
actitudes éticas · 94
actor · 42, 49, 54, 60, 62, 72, 73, 75, 105
actor principal · 75, 105
actor suicida · 39
actos necesarios · 45, 46, 49, 53, 55
AECC · 93, 94
Alemania · 28, 29
América · 14, 29, 81
amigos · 80
Antiguo Egipto · 80
artículo 11 · 91
artículo 138 · 41, 53, 57
artículo 143 · 38, 50
artículo 143.1 · 43
artículo 143.2 · 44, 45, 46
artículo 143.3 · 45, 47, 48
artículo 143.4 · 7, 17, 40, 48, 51, 52, 53, 54, 55, 70, 71, 72, 104
artículo 2.4 · 91
Asociación Española Contra el Cáncer · 93
Asociación Europea de Cuidados Paliativos · 96
Asociación Médica Mundial · 89
atención especializada · 81
atención farmacéutica · 81
atención integral · 97
atención primaria · 81
atención sociosanitaria · 81
atenuar · 6, 38, 73
Australia · 13, 28
autonomía · 25, 39, 83, 88, 91, 92, 97
autonomía de la voluntad · 91
autonomía del paciente · 39, 88, 91, 92
auxilio al suicidio · 44

B

Bélgica · 13, 26, 28, 29, 106
bien humano · 3, 21
bien jurídico protegido · 1, 4, 5, 6, 19, 22, 103
bioética · 63
Bizancio · 81
buena praxis · 86, 87, 89

C

cacotanasia · 27
calidad · 15
calidad asistencial · 90
California · 14, 28, 29

Cámara de Diputados · 15
cambios demográficos · 83
cambios epidemiológicos · 83
Canadá · 13, 28, 29
cáncer · 57
capacidad · 24, 26, 30, 41, 42, 50, 83
capacidad de obrar · 62
capacidad del suicida · 56
capacidad legal · 56, 58
capacidad natural de juicio · 42
cardíaca · 57
cardioversión · 84
carga de la prueba · 73
cartera de servicios · 74, 75
cartera de servicios comunes · 14, 75
catedrático · 4, 5, 21, 22, 24
cautelas · 61

Ch

China · 81

C

ciencia · 1, 16, 87
Ciudadanos · 15
Cobo del Rosal · 4, 21
código · 13
Código Penal · 12, 37, 38, 40, 41, 44, 45, 47, 48, 52, 103, 104
Códigos Deontológicos · 75

Colegio de Abogados de Madrid · 10
Colombia · 13, 28, 29, 31
Colorado · 14, 28, 29
coma · 25, 30, 59
complicidad · 28, 42
conducta · 24, 37, 103
conducta eutanásica · 37
conductas eutanásicas · 16, 17, 106
conductas profesionales · 87
confort físico · 93
Congreso de los Diputados · 9, 14, 16
Congreso Federal del PSOE · 14
consciencia del paciente · 93
consentimiento · 27, 41, 94
consentimiento válido · 41
control del dolor · 95
control judicial · 60
controles · 106
cooperación · 27, 28, 38, 40, 42, 44, 45, 46, 48, 49, 50, 51, 53, 62, 103, 104
cooperación activa · 51, 103
cooperación al suicidio · 38, 40, 49, 50, 104
cooperación ejecutiva · 45, 46
cooperación no necesaria · 28
cuidados médicos · 80
cuidados paliativos · 13, 85, 94, 95, 96
culturales · 3, 20

Índice analítico de voces

curación · 83

D

debate dogmático · 76
debate social · 15, 76
deber de vivir · 5, 22
delitos · 13
derecho · 1, 2, 3, 4, 5, 6, 10, 11, 14, 16, 19, 20, 21, 22, 65, 76, 91, 104
derecho individual · 14
Derecho Penal · 3, 4, 5, 20, 21, 22, 24
derecho sanitario y farmacéutico · 10, 11
derechos · 2, 5, 7, 9, 16, 19, 23, 39, 76, 83, 91, 92, 95, 106
derechos humanos · 83
desarrollo humano · 83
despenalización · 13, 28, 29, 31, 32, 39, 52
despenalizar · 6
dignidad · 7, 10, 16, 79, 83, 95, 97, 106
diligencia · 87
Dinamarca · 28, 29
dolo directo · 54
dolor · 25, 79, 81, 83, 96, 98
domicilio · 94, 95
dominio del hecho · 43, 47
dosis · 27, 93, 99
dosis letales · 99
Dublín · 85

E

edad límite · 62
educación para la salud · 81
efecto indeseado · 99, 100
encarnizamiento terapéutico · 89
enfermedad avanzada · 88, 93
enfermedad grave · 24, 26, 38, 49, 103
enfermedad irreversible · 30, 88
enfermedad terminal · 24, 25, 79, 88, 93
enfermedades crónicas · 51
enfermedades de motoneurona · 57
enfermera · 85
enfermo · 26, 52, 88, 93, 94, 95, 97, 98, 99, 103
enfermo de cáncer · 57
equipo terapéutico · 57, 89, 98
error inadmisible · 87
España · 6, 10, 12, 14, 28, 29, 37, 38, 52, 53, 82, 85, 91, 92
espiritual · 80, 93
Estado · 5, 6, 15, 23, 38, 39
Estado de Derecho · 6
Estados Unidos de América · 14
etapas finales · 57
ética · 1, 3, 16, 20, 25, 33, 38
ética social · 3, 20

eutanasia · 1, 6, 7, 10, 11, 12, 13, 14, 15, 16, 19, 23, 24, 25, 26, 28, 29, 31, 32, 33, 34, 37, 38, 39, 40, 48, 49, 52, 65, 76, 90, 99, 100, 101, 103, 104, 105, 106
eutanasia activa · 25, 104
eutanasia pasiva · 25, 39, 49, 104, 105
eutanásica · 37
eutanásico · 7, 17, 33, 38
evidencia clínica · 50
ex ante · 31
ex post · 31, 71
eximir de responsabilidad · 6

F

facultativo · 87
fallecido · 41, 57, 58
fallecimiento · 41, 42, 54, 58, 71, 80, 92
familia · 80, 89, 94, 95, 96, 97, 98, 99
fármacos · 24, 93, 99
fase terminal · 80, 93
filosofía · 80
formación sanitaria · 82
Francia · 85

G

Gándara del Castillo · 94
garantías · 61, 63, 106
globalización · 83
Gracia Guillen · 82

grado de tentativa · 39
gravedad · 25, 51
Grecia · 81
guía para los cuidados paliativos · 96

H

Hans-Heinrich · 3, 4, 21
hepática · 57
historia clínica · 94
Holanda · 13, 28, 29
homicidio · 5, 22, 40, 41, 57
homicidio a petición · 39, 47
homicidio con autoría mediata · 44
hospice · 79, 85
hospicios · 85
hospital · 94, 96
huesos · 80
humanización · 85

I

ICAM · 10, 11
imputabilidad · 41
incapaces · 26
incapaz · 41
incurable · 88
India · 81
inducción · 40, 42, 43, 44, 50, 51
inductor · 44
ingenierías · 83
inimputabilidad · 41, 74
inseguridad jurídica · 51

Índice analítico de voces

instrucciones previas · 91, 92
insufrible
   padecimiento · 40, 50, 53, 55, 56, 57, 61, 71
intimidación · 42, 44
invalidez irreversible · 24, 72
investigación · 82
irreversibilidad de · 90
irreversible · 24, 25, 30, 88, 93

J

Jornadas Internacionales · 10, 12
judicial
   autorización · 62, 63
juez · 31
jurídico · 1, 2, 3, 4, 5, 6, 16, 19, 20, 21, 22, 23, 32, 37, 39, 103, 106
jurisdicción · 63
jurisprudencia · 2, 43, 46

L

legalización · 13, 14, 106
legislación · 29
legislación internacional · 58
lesión · 6, 87
lex artis · 86, 87
ley · 2, 4, 7, 14, 20, 22, 31, 39, 91, 92, 95

Ley 41/2002 · 39, 91, 92, 104
libertad · 4, 5, 21, 22, 91, 92
libre disponibilidad · 5, 22
limitación del esfuerzo terapéutico · 90
Londres · 80, 85
Luxemburgo · 13, 28, 29
Lyon · 85

M

mala praxis · 86, 90
mayor de edad · 56, 91, 92
medicalizado · 84
medicina · 11, 15, 27, 80, 81, 82, 83, 84, 86, 90
médico · 7, 15, 24, 27, 30, 33, 48, 85, 86, 92, 103
menores de edad · 26
mesa redonda · 10, 11
modelo familiar · 84
Montana · 14, 28, 29
moral · 1
morir · 13, 24, 27, 50, 79, 84, 100
muerte · 1, 15, 19, 23, 24, 25, 26, 39, 40, 42, 43, 45, 46, 47, 48, 49, 50, 51, 52, 53, 80, 83, 84, 88, 89, 90, 93, 96, 98, 99, 103
muerte confortable · 94

N

neolítico · 80
nivel de ansiedad · 95

nivel de conciencia · 95
Noruega · 28, 29
Nueva York · 85
nutrición · 84

O

obstinación terapéutica · 89
OCDE · 29
OMC · 15
omisión · 23, 24, 25, 38, 40, 43, 46, 48, 49, 86
OMS · 25
ONU · 29
ordenamiento jurídico · 2, 4, 16, 21, 22, 37, 39, 76, 82, 106
Oregón · 14, 28, 29, 89, 91
Organización Mundial de la Salud · 25
organizaciones profesionales · 15
ortotanasia · 27

P

paciente · 15, 25, 30, 48, 51, 86, 87, 88, 89, 90, 91, 93, 94, 95, 96, 99, 100
padecimiento insufrible · 40, 50, 53, 55, 56, 57, 61, 71
países · 27, 28, 29, 31, 32, 79, 82, 91
participación
    de profersional · 74

formas imperfectas · 54
tercero · 6, 23
patología · 90
patrimonio · 4, 21
penas · 4, 6, 22, 48
persona · 3, 4, 7, 10, 16, 20, 21, 23, 24, 25, 26, 27, 38, 39, 40, 42, 44, 46, 52, 83, 88, 91, 92, 95, 106
personas mayores · 84
Podemos · 15, 32
político · 1, 12
ponencia · 10, 12
PP · 15
práctica médica · 84, 95
prescripción · 62, 75
prestación
    atención especializada · 75, 105
    atención primaria · 75, 105
    cartera de servicios · 14
    pública · 74
    Seguridad Social · 74, 105
prevención · 80, 81, 82, 83
problemas psicológicos · 95
profesional de la medicina · 27, 71, 72, 75, 105
profesional de la salud · 72, 75, 105
profesionales de la salud · 67
promoción de la salud · 81, 82
protocolo · 84, 86, 87, 94
psíquica · 33
PSOE · 14

Índice analítico de voces

R

Real Decreto 1030/2006 · 74, 75, 105
registros · 60
rehabilitación · 80, 82
renal · 57
reproche penal · 39, 54, 60
requisito · 26, 31, 41, 42, 50, 63, 70, 98, 105
   de voluntad · 26
requisito esencial · 49
requisitos
   legales · 33
respiración artificial · 84
responsabilidad penal · 60
resucitación cardiopulmonar · 84
riesgo · 86
riesgo-beneficio · 86
Rodríguez Mourullo · 3, 20
role · 62
Roma · 81
Romeo Casabona · 5, 22, 24, 46

S

salud · 4, 12, 21, 49, 81, 83, 92
Salvat editores · 85
sanciones · 4, 22
Santiago de Compostela · 12
Saunders · 1, 80, 85
SECPAL · 25, 79, 80, 85, 88, 94, 95, 96, 100
sector de la salud · 75, 105
sector jurídico · 32, 103
sector médico · 33
secuelas · 80
sedación · 27, 93, 94, 99, 100
sedación paliativa · 99
sedación terminal · 27
seguridad · 4, 21, 76, 97
Seguridad Social · 69, 105
Senado · 7, 9, 13, 16, 95, 106
SIDA · 57
siglo XXI · 81
síntomas · 79, 89, 93, 94, 95, 96, 97, 98
síntomas refractarios · 93, 94
Sistema Nacional de Salud · 14, 81
sistema sanitario · 13, 82
sociedad del bienestar · 84
Sociedad Española de Cuidados Paliativos · 10, 24, 25, 79, 85, 94, 100
soporte emocional · 80
soporte vital · 56, 59
sufrimiento · 24, 27, 83, 93, 99
suicida · 39, 40, 41, 42, 43, 44, 45, 47, 50, 52, 53, 103
suicidio · 5, 12, 13, 14, 22, 24, 27, 28, 29, 31, 37, 38, 39, 40, 41, 42, 43, 44, 45, 46, 47, 48, 49, 50, 52, 53, 89, 91, 103, 104
suicidio asistido · 12, 13, 14, 24, 27, 28, 29, 31, 38, 48, 89, 91, 103

115

suicidio asistido eutanásico · 7, 17, 38, 71, 72, 104, 105
suicidio médicamente asistido · 27
suicidio no asistido médicamente · 27
Suiza · 13, 28, 29, 30
sujeto activo · 33, 39, 60, 73
sujeto pasivo · 27, 33, 39, 49, 55, 61, 70

T

tecnología sanitaria · 84
teleológica · 23
tentativa · 44, 46, 54
teoría del derecho · 2, 19
tratamiento · 27, 80, 81, 89, 90, 91, 92, 95, 96, 106
tratamiento específico · 56
tratamiento innecesario · 90
Tribunal Constitucional · 2, 19, 28, 42
Tribunal Supremo · 14
tutela · 4, 21

U

UE · 29
unidad a tratar · 97

Universidad de Deusto · 24
urgencias · 81
Uruguay · 14, 25, 28, 29, 31
USA · 28, 29, 31

V

valor · 2, 4, 20, 21
valoración política · 1, 83
Vermont · 14, 28, 29
vía digestiva · 55
vicio de la voluntad · 42
vida · 1, 3, 4, 5, 7, 9, 10, 15, 16, 19, 20, 21, 22, 23, 24, 26, 27, 30, 42, 43, 50, 79, 81, 83, 84, 88, 89, 93, 94, 95, 96, 98, 99, 103, 104, 106
vida artificial · 23
violencia · 42
voluntad · 5, 22, 23, 24, 26, 30, 31, 41, 42, 43, 47, 50, 87, 91, 92, 100, 103

W

Washington DC · 14

Z

Zugaldia Espinar · 3, 20

Índice de anexos

		pg.
Anexo I.	Lo político la política y la política sanitaria	121
Anexo II.	Proposición de Ley de derechos y garantías de la dignidad de la persona ante el proceso final de su vida, admitida por el Senado el 4 de enero de 2019	128
Anexo III.	Iniciativa legislativa autonómica relativa a la dignidad de la persona en el proceso de la muerte	157
Anexo IV.	Listado de referencias en internet sobre las fuentes de la despenalización de la eutanasia y el suicidio asistido en el marco internacional	159
Anexo V.	Artículo 3 de la Ley 41/2002 de 14 de noviembre, básica reguladora de la autonomía del paciente y de derechos y obligaciones en materia de información y documentación clínica	160
Anexo VI.	Ley Orgánica 15/1999, de 13 de diciembre, de Protección de Datos de Carácter Personal. Artículo 3	161
Anexo VII.	Ley orgánica 10/1995, de 23 de diciembre, del Código Penal (Art. 143) en comparación con (Art. 409 Ley 44/1971)	163
Anexo VIII.	Artículo 11. Instrucciones previas. Ley 41/2002 de 14 de noviembre, básica reguladora de la autonomía del paciente y de derechos y obligaciones en materia de información y documentación clínica	166
Anexo IX.	Real Decreto 124/2007, de 2 de febrero, por el que se regula el Registro nacional de instrucciones previas y el correspondiente fichero automatizado de datos de carácter personal	167
Anexo X.	Normativa autonómica relativa a las Instrucciones previas o voluntades anticipadas. Ordenado	176

	por Comunidad Autónoma: cronológicamente por la norma de mayor rango que aparece en cada una de estas	
Anexo XI.	Ley orgánica 10/1995, de 23 de diciembre, del Código Penal (Aplicación de las penas Art 61 a 71)	180
Anexo XII.	Reseñas del libro: La Asistencia Sanitaria Pública. Diaz de Santos. Madrid 2015 (págs. 81, 159 y 246)	181
Anexo XIII.	Definition of Palliative Care by European Association for Palliative Care	183

ANEXO ¹ (www.sanitaslege.com) (anteriormente www.HealthcareGazette.com) (Artículo de Juan J. Bestard Perelló)

Lo político, la política y la política sanitaria
El discurso
La debilidad de nuestro modelo sanitario ha enfrentado al Sistema Nacional de Salud con uno de los factores que más le ha influido desde su configuración en 1986, la acción de los políticos. Cara y cruz de una misma moneda, crecimiento y sostenibilidad ha puesto en jaque a un sistema sanitario en expansión, pero sin mecanismos de regulación interna ni externa. El lado lucido y el lado oscuro de un mismo discurso, por una parte, crear un sistema de protección social y por otra, justificar, en contra de la ley, pero en silencio, su permanente desviación presupuestaria, es decir, gastar más de lo autorizado por la Ley.

Cada vez que, desde 1978, la situación de impagos a proveedores creaba una crisis en el extinto Instituto Nacional de Salud, o en los servicios de salud de las Comunidades Autónomas, obligaba a los políticos a dar explicaciones. En cada ocasión utilizaban el mismo discurso en defensa de un sistema sanitario público idílico, pero, al mismo tiempo, en quiebra. Estos discursos bien construidos, pero huecos, al fin y al cabo, confundían, a la vez, al ciudadano y al profesional sanitario haciéndoles creer que cruzar la calle para ir por la otra acera en busca de la sostenibilidad atentaba contra las bases del estado del bienestar, un término teórico e inespecífico.

Dos caras de una misma moneda
Mientras la cara amable de la moneda se traducía en votos, la cara oscura también iba en busca de los suyos. Si, por una parte, han sido los políticos quienes han apostado por un sistema que todo el mundo aplaude desde el punto

de vista social y solidario, por la otra, también han sido los mismos quienes no han dudado en defender la sostenibilidad del actual sistema sanitario en cualquiera de los frentes que les obligaba a explicar su insolvencia.

Cuando aparecía la cara no amable que obligaba a plantearse la viabilidad del modelo, no dudaban en afirmar que la solución estaba en mejorar la gestión, mas aun, o en incrementar la colaboración, coordinación y cooperación, en definitiva, eufemismos vacíos de contenido que solían confundir el medio con el fin y que lograron, en este entorno, que la coordinación fuera el paradigma de la ineficiencia.

Nivel central y nivel local

A nivel central, lo políticos han esgrimido barrocamente las bondades de nuestro sistema sanitario mientras este caía en contradicciones, insuficiencia presupuestaria, desequilibrio en los salarios y distanciamiento entre lo que la población creía que tenía que recibir y lo que este podría ofrecer, pero en cualquier caso, arrancaban del público elector aplausos y simpatías hipertrofiando sus mensajes en defensa de un etéreo concepto sobre el estado del bienestar y eludiendo cualquier debate que pudiera ponerles en la diana de la oposición política dispuesta a utilizar la sanidad como arma arrojadiza. Muy al contrario, han incrementado cíclicamente sus niveles de popularidad incluso dentro de las filas de su oposición política.

A nivel periférico, el político local encontró en los centros sanitarios públicos un excelente argumento para hacerse con los votos de la ciudadanía bien inaugurando centros, bien influyendo en las contrataciones de los mismos o bien exhibiendo las exigencias que ellos mismos hacían a los respectivos gobiernos para incrementar recursos en sus centros independientemente de sus necesidades reales, de criterios técnicos o epidemiológicos. Eso si, todo ello sin coste económico o social para el político local y para su ayuntamiento, por descontado, pero de nefasta repercusión para los déficits presupuestarios autonómicos y estatales.

La política y lo político

Si bien es cierto que lo político ha inundado la vertiente civil de la sociedad, también lo es que lo político tiene distintos niveles y escenarios. Por una parte, están las ideas políticas o ideología de cada uno de nosotros, es decir, los valores sobre los que cada uno basa su comportamiento, toma de decisiones y anclajes en la relación social individual o colectiva. Estos suelen ser cambiantes, vinculados tanto a la edad del sujeto como al momento histórico de su país o región, se suelen diferenciar, obviando los extremos, entre conservadores, liberales y progresistas.

Por otra parte, están las doctrinas políticas entendidas académicamente, es decir, la vertiente intelectual y teórica de las corrientes ideológicas. Representa parte de la esencia del pensamiento humano, la racionalización o el cartesianismo de las ideas predominantes en cada época configura un escenario repleto de pensadores de lo económico o economistas, del saber o filósofos, de lo social o sociólogos, de lo político o politólogos, y de otros disciplinantes y disciplinas. No son nítidas las líneas que diferencian lo que luego los partidos políticos representan, basta con leer a Karl Popper para darse cuenta de que la derecha no siempre conoce las bases doctrinales en la que se sustentan las corrientes ideológicas que se supone que defienden sus partidos.

Las organizaciones para la política

Por otra parte, nos encontramos con las ideas políticas agrupadas bajo siglas y organizaciones, es decir, la piramidalización de la ideología desfigurándose esta, a su vez, mientras se le incorporan matices y distintos puntos de vista, incluso, contrapuestos. Estas organizaciones ya no atienden a la ideología del ciudadano como individuo ni a las doctrinas de los estudiosos de la política. Estas organizaciones responden inicialmente al interés de los miembros y grupo que las crean, se conforman en torno a ideas procedentes de algún tipo de ideología política, esgrimen principios sobre el interés de carácter general, nacional o identitarios, en el caso de los nacionalismos, y en casi todos los casos responden a intereses organizados, a redes de opinión, a grupos económicos, a lobbies de presión o en defensa de determinados intereses corporativos o locales.

A parte de la política primaria, la original, la doctrinal y la de los partidos políticos, por otro lado, nos encontramos con la política que aplican los Gobiernos. En este escenario la política primaria, la originaria del ciudadano, queda totalmente diluida y las tendencias de las organizaciones políticas son tamizadas por todo tipo de intereses, es decir, por el interés del voto, por el interés de continuar gobernando, por el interés del ejercicio del poder en si mismo, por los intereses de los lobbies que las financian y, por que no decirlo, por el interés personalísimo de zambullirse en el gran mar de las vanidades.

La política de lo sanitario

Todo ello no debe llevarnos a concluir sobre la inconveniencia de lo político, sino más bien para asumir su función real y mejorar sus resultados. Si los escalones entre el ciudadano y los gobiernos se van desdibujando a medida que vamos subiendo peldaño a peldaño, en el escenario de la sanidad es distinto.

Es evidente que no es lo mismo hablar de política sanitaria que de la toma de decisiones de los departamentos de sanidad de los gobiernos o de política de los partidos políticos o de los políticos en lo sanitario, de hecho, es muy frecuente que se adopten medidas en sanidad o sanidad pública sin una política sanitaria definida ni determinada. Tampoco no es lo mismo tomar buenas decisiones por parte de un político determinado que adoptar una correcta política en un determinado sector de actividad o ir decantándose por la toma de medidas políticamente correctas, pero de efectos nulos o incluso adversos para la sociedad.

Las acciones de los Gobiernos en materia sanitaria de los últimos 30 años no se han basado en políticas sanitarias sino en el mantenimiento de un equilibrio entre la utilización política de lo sanitario en la búsqueda del voto, la solución de las crisis financiera cíclicas del Sistema Nacional de Salud, las tensiones salariales en el sector y la carrera por conseguir desprofesionalizar la dirección y gestión sanitaria para ponerla a disposición de las encuestas de opinión pública y del interés local de lo político. Lo que en algunos foros resuena como "el secuestro político de la sanidad".

Lo político y los votos

Por otra parte, los titulares de los periódicos reflejan las excelencias de un modelo sanitario en el cual es más importante hacer hoy más trasplantes que ayer antes que saber en qué se debe gastar el presupuesto sanitario que conseguir más salud con menos dinero. Se han corrido auténticas carreras entre Administraciones de distintos territorios para ver quién bajaba más la demora media o la lista de espera "de lo que fuera", llegando a extremos de tener que convencer al ciudadano de operarse en la fecha que mantuviera las ratios ofertados en las campañas electorales en los límites de lo que le marcaban sus superiores.

Todo esto ha ido quedando atrás y las Comunidades Autónomas han competido por tener, en donde pudieran, facultades de medicina, más hospitales y centros de salud más grandes y mejor equipados, sin cuantificar su beneficio en salud. Esta carrera por conseguir más votos y más proyectos con gigantescos presupuestos llevó a diseñar hospitales pagados a plazos a grandes agrupaciones de empresa constructoras y de ingeniería, de dimensiones astronómicas y con unas ratios de metros cuadrados por cama que sobrepasan los de la media europea y cualquier cosa que se asemeje al sentido común. Ejemplos de ello tenemos en Toledo, en Palma de Mallorca, en Ibiza, en Valencia, en Oviedo, en Burgos, entre muchas otras.

Es fácil adivinar que todo esto no corresponde con una política sanitaria meditada, previamente analizada y vista en su globalidad en cuanto a su alcance y sostenibilidad.

Politización y Democracia

A nadie se le ocurre pensar que el problema radica en el modelo de convivencia social que nos hemos impuesto, es decir, por imperfecto que sea el sistema democrático es sin duda el mejor de los posibles. Si embargo, esto no quiere decir que no podamos analizar con plena libertad de opinión y con espíritu crítico nuestro entorno y ver dónde está el problema de la actual situación económica y social.

Está claro que la democracia necesita de los partidos políticos y posiblemente esta relación tenga algo de bidireccional, sin embargo también necesita de otros instrumentos no políticos o incluso necesariamente neutros y ausentes de "lo político" como son la Administración del Estado, el orden jurisdiccional, la organización funcional de Territorio, las organizaciones empresariales, las organizaciones independientes de carácter cultura, intelectual o social, las organizaciones deportivas, entre otras muchas.

Bases del Estado de Derecho

La sociedad actual ha evolucionado en doscientos años más que en los últimos mil años de historia del mundo occidental. La evolución social ha venido dada por varios hechos, seguramente por bastantes mas de los que somos capaces de ver, pero de entre ellos han habido dos que han tenido una especial relevancia, por un parte la consideración del individuo como ciudadano con plenos derechos y con goce de libertad plena, mientras que por otra parte, la teoría de la separación de poderes o de las funciones del poder del Estado ha impregnado a toda la sociedad y a modo pensamiento colectivo se ha impuesto el principio de que "no se puede ser, a la vez, juez y parte".

La teoría de la separación de funciones junto con otros principios como por ejemplo el principio de legalidad o del imperio de la ley en la actuación de la Administración Pública son, entre todos, los que, de hecho, vertebran en gran medida la esencia de lo democrático. Así pues, no son las organizaciones políticas lo que sustenta el Estado democrático sino deben entenderse como meras herramientas para hacerlo posible en la medida que transmiten la soberanía popular a cierto tipo de instituciones que conducen la vida social mediante el ordenamiento jurídico y permiten que los Gobiernos gestionen en base a unos programas la vida pública de una nación, sometidos a la legalidad. En pocas palabras, en democracia lo político es un medio y no un fin en si mismo.

Conclusión

Recuperar los valores que sustentan nuestro sistema de convivencia social, es tal vez, una de las claves. La separación de funciones, más allá de las funciones meramente estatales sino aplicando el sabio pensamiento colectivo de que no se puede ser, a la vez, juez y parte a toda cuanta actividad tenga acceso el hombre y sus organizaciones, tiene mucho que ver con nuestros valores esenciales. Esta separación ensancha la nítida distancia que debe haber entre la actividad económica y las funciones de la Administración Pública dejando en manos de lo público todo aquello que en esencia deba ser público y dejando en manos privadas todo aquellos que sustancie su esencia privada, hay que distinguir y separar todo aquello que implique la explotación y/o provisión de servicios y todo aquello que implique actividad comercial o económica entre personas o entre personas y organizaciones de cualquier clase.

La Administración Pública independientemente de su actividad económica productiva o prestadora de servicios debe ejercer principalmente como vigilante y hacedora del cumplimiento de la Ley garantizando la calidad de los servicios y los niveles de seguridad óptima en cualquier actividad que pueda afectar o implicar al ciudadano. El Estado debe actuar como fiador estableciendo las reglas de juego y mediando por su cumplimiento, pero aplicando la ley en todo momento y sin trampas.

Las Administraciones públicas, al servicio de los Gobiernos para ejecutar sus políticas, deben imponer la independencia de sus actuaciones mediante la aplicación de la Ley, los mecanismos de selección y acceso a la función pública y mediante la aplicación de los mecanismos legales que conduzcan a las garantías necesarias de legalidad e imparcialidad. Todo ello aboca en transparencia e imparcialidad a la hora de la toma de decisiones despolitizando la acción de la Administración y llevando lo político al nivel donde debe estar, es decir, a la confección y cumplimiento de los programas electorales y a las Cámaras legislativas que es donde lo político converge con lo social

ANEXO[II] **Proposición de Ley de derechos y garantías de la dignidad de la persona ante el proceso final de su vida, admitida por el Senado el 4 de enero de 2019**

BOCG. Senado, apartado I, núm. 325-2483, de 04/01/2019

I. INICIATIVAS LEGISLATIVAS

Proposición de Ley de derechos y garantías de la dignidad de la persona ante el proceso final de su vida.

Texto remitido por el Congreso de los Diputados 624/000015 (Congreso de los Diputados, Serie B, Num.66, Núm. exp. 122/000051)

Con fecha 4 de enero de 2019 ha tenido entrada en esta Cámara el texto aprobado por el Pleno del Congreso de los Diputados, relativo a la Proposición de Ley de derechos y garantías de la dignidad de la persona ante el proceso final de su vida.

Al amparo del artículo 104 del Reglamento del Senado, se ordena la remisión de esta Proposición de Ley a la Comisión de Sanidad, Consumo y Bienestar Social.

En virtud de lo establecido en el artículo 107.1 del Reglamento del Senado, y siendo de aplicación lo previsto en su artículo 106.2, se comunica que el plazo para la presentación de enmiendas y propuestas de veto terminará el próximo día 12 de febrero, martes.

De otra parte, y en cumplimiento del artículo 191 del Reglamento del Senado, se ordena la publicación del texto de la mencionada Proposición de Ley, encontrándose la restante documentación a disposición de los señores Senadores en la Secretaría General de la Cámara.

Palacio del Senado, 4 de enero de 2019.—P.D., Manuel Cavero Gómez, Letrado Mayor del Senado.

PROPOSICIÓN DE LEY DE DERECHOS Y GARANTÍAS DE LA DIGNIDAD DE LA PERSONA ANTE EL PROCESO FINAL DE SU VIDA

Preámbulo

I

Morir constituye la última de las etapas de la biografía personal de cada ser humano, y así como es aceptado por todos que el ordenamiento jurídico debe procurar que todas las personas disfruten de una vida digna, también debe asegurar que todas tengan derecho a una muerte digna.

Surge así la necesidad de legislar los derechos y garantías que aseguren la aspiración de morir dignamente con los significados que ello conlleva, pudiendo rechazarse los tratamientos que no se desean, según los deseos íntimos previamente expresados en un testamento vital, en la intimidad personal y familiar, con el mínimo sufrimiento físico, psíquico y espiritual posible.

Es necesario reconocer que en todas las vidas hay un momento en que lo razonable o útil para ayudar a las personas a bien morir, es priorizar su confort y evitar el sufrimiento, por encima de intentos fútiles de alargar su vida. Llegados a ese punto, deben asumirse no sólo los límites de la medicina, sino también el hecho inevitable de la muerte, lo que conduce a hacer un uso adecuado de los medios disponibles para prolongar la vida. Se debe de diferenciar en estos casos lo que es un razonable esfuerzo terapéutico, conducente a alargar la vida de los pacientes en condiciones dignas, de la obstinación terapéutica, que solo conduce a la prolongación de un sufrimiento innecesario. En estos procesos la prolongación de la vida no debe considerarse un bien superior al derecho de los pacientes a disponer de sus últimos días de acuerdo a sus creencias y convicciones personales. Tampoco es lícito imponer el sufrimiento a quien carece de expectativas de supervivencia.

II

Respecto al marco normativo y jurisprudencial en el que se inscribe la presente ley, cabe comenzar citando la Constitución Española, que, en su artículo 10.1, proclama que «la dignidad de la persona, los derechos inviolables que le son inherentes, el libre desarrollo de la personalidad, el respeto a la ley y a los derechos de los demás, son fundamento del orden político y de la paz social». Asimismo, en su artículo 15, consagra el «derecho de todos a la vida y a la integridad física y moral», y en su artículo 18.1, el derecho «a la intimidad personal y familiar». Por su parte, el artículo 43 de nuestra Carta Magna reconoce «el derecho a la protección de la salud» y encomienda a los poderes públicos «organizar y tutelar la salud pública a través de medidas preventivas y de las prestaciones y servicios necesarios», añadiendo que «la ley establecerá los derechos y deberes de todos al respecto».

Tradicionalmente, el derecho constitucional a la protección de la salud se ha interpretado desde el punto de vista de la garantía a recibir cuidados sanitarios frente a la enfermedad. Sin embargo, ya la vigente Ley 41/2002, de 14 de noviembre, básica reguladora de la autonomía del paciente y de derechos y obligaciones en materia de información y documentación clínica, partiendo de los principios de respeto a la dignidad personal, a la libre autonomía de la voluntad y a la intimidad, estableció la regla general de que toda actuación en el ámbito de la sanidad requiere el previo consentimiento de los pacientes o usuarios del sistema sanitario y el derecho de estos a decidir libremente, después de recibir la información adecuada entre las opciones clínicas disponibles, así como a negarse a recibir el tratamiento indicado por el personal sanitario, excepto en los casos determinados en la ley.

También el Tribunal Constitucional, además de haber reconocido el derecho de las personas a rechazar un tratamiento, aun a sabiendas de que ello puede hacer que peligre su vida (SSTC 120/1990, 119/2001 y 154/2002), afirmó, en su Sentencia 37/2011, que el rechazo al tratamiento, intervención o procedimiento recomendado por los profesionales sanitarios forma parte del artículo 15 de la Constitución, al entenderse como «una facultad de autodeterminación que legitima al paciente, en uso de su autonomía de la voluntad, para decidir libremente sobre las medidas terapéuticas y tratamientos que puedan afectar a su integridad, escogiendo entre las distintas posibilidades, consintiendo su práctica o rechazándolas»; la cual sería «precisamente la manifestación más importante de los derechos fundamentales que pueden resultar afectados por una intervención médica: la de decidir libremente entre consentir el tratamiento o rehusarlo, posibilidad que ha sido admitida por el Tribunal Europeo de Derechos Humanos, aun cuando pudiera conducir a un resultado fatal (STEDH de 29 de abril de 2002, caso Pretty c. Reino Unido, § 63), y también por este Tribunal (STC 154/2002, de 18 de julio, FJ 9)».

Asimismo, algunas Comunidades Autónomas, en el ejercicio de sus propias competencias, han regulado con desigual extensión esta materia. En ese sentido, la presente ley se configura como norma estatal básica que reconoce en nuestro país una serie de derechos a todas las personas, con independencia del territorio o de la Administración sanitaria encargada de velar por su tratamiento en el proceso final de la vida. Esta regulación, en la medida en que contiene una previsión de derechos de las personas en el marco de la prestación de los servicios sanitarios y una garantía en el acceso a prestaciones concretas, debe articularse a partir del mandato del artículo 43.2 de la Constitución, con pleno respeto al reparto competencial entre el Estado y las Comunidades Autónomas, de conformidad con el artículo 149.1.16.ª de la misma, que atribuye al Estado la competencia exclusiva en materia de bases y coordinación general de la sanidad.

III

Con ello se pretende, por un lado, reconocer de forma expresa los derechos de las personas que residen en nuestro país, sin perjuicio de los elementos adicionales o de desarrollo que introduzca el correspondiente ordenamiento autonómico. De este modo, todos los ciudadanos pueden sentirse protegidos, con suficiente certeza jurídica y precisión de las obligaciones que su respeto comporta, por ese conjunto de derechos ante una situación que, por su propia naturaleza, viene marcada por la dificultad y la incertidumbre. Al mismo tiempo, es necesario dotar a todos los profesionales sanitarios del apoyo, la información y las herramientas necesarias, para asumir su papel con seguridad y reducir la conflictividad en una situación dolorosa y compleja como es la del final de la vida. Constituye una obligación ineludible con ellos y un compromiso decidido con la ciudadanía.

Teniendo en cuenta todo lo anterior, mediante la presente ley se pretende, en primer lugar, dar una respuesta legal a los dilemas a los que se enfrentan las Administraciones y el personal sanitario en el caso de las personas que se encuentran ante el proceso final de su vida. Una situación en la que el respeto a la dignidad del paciente provoca que, la asistencia sanitaria más adecuada para velar por el bienestar de la persona, no siempre se corresponda con aquella que resulte más efectiva a la hora de alargar el tiempo de vida. En tales circunstancias, los cuidados paliativos, dirigidos a mitigar el dolor de los pacientes, incluso cuando ello pueda acortar o incluso poner en peligro inminente su vida, pueden ser la opción más adecuada y, a la vez, la más humana para garantizar que puedan afrontar el proceso final de su vida de manera digna.

Igualmente, la presente ley tiene por objeto regular, de manera expresa y concisa, los derechos de las personas que se encuentran ante el proceso final de su vida, así como los deberes del personal sanitario y las garantías que han de proporcionar las Administraciones competentes y los centros e instituciones sanitarias y sociales para hacer efectivos tales derechos, todo ello en consonancia con lo dispuesto en la Ley 14/1986, de 25 de abril, General de Sanidad, y de la Ley 41/2002, de 14 de noviembre, básica reguladora de la autonomía del paciente y de derechos y obligaciones en materia de información y documentación clínica.

Por tanto, en cuanto al objeto de la ley, cabe reiterar que ésta se ocupa del proceso del final de la vida, concebido como un final próximo e irreversible, eventualmente doloroso y potencialmente lesivo de la dignidad de quien lo padece, para, en la medida de lo posible, aliviarlo, en su transcurrir, con respeto a la autonomía, integridad física e intimidad personal de la persona.

IV

La presente ley está estructurada en cuatro títulos, junto a siete disposiciones adicionales, una disposición transitoria, una disposición derogatoria y tres disposiciones finales.

En el Título Preliminar se establece el principio fundamental de pleno respeto a la voluntad de las personas en el proceso final de su vida, y se define el ámbito de aplicación de la ley mediante la concurrencia de un pronóstico vital reducido en el tiempo e irreversible, ocasionado tanto por una enfermedad incurable como por un deterioro extremo que provoca trastornos graves en quienes lo padecen.

El Título I recoge la declaración de derechos de las personas en el proceso final de su vida, centrada en torno al derecho a la toma de decisiones, que presupone, como ha afirmado el propio Tribunal Constitucional, el derecho a una información asistencial completa, clara y comprensible. Junto a esa información, los elementos de falta de capacidad que pueden darse en los pacientes en razón de su minoría de edad o de su estado físico y cognitivo, requieren una serie de precisiones e instrumentos específicos, que van desde la posibilidad de la persona que se encuentra ante el proceso final de su vida de designar representante hasta la previsión de las llamadas instrucciones previas y sus formas de modificación.

En todos los casos, el objetivo consiste garantizar la primacía de la voluntad de la persona en el proceso final de su vida, así como las vías de conocimiento y manifestación de dicha voluntad, y de proscribir cualquier consecuencia discriminatoria en la atención sanitaria que pudiera derivarse de dicha voluntad y, específicamente, del rechazo a determinados tratamientos, intervenciones o procedimientos.

En la declaración de derechos se incluye también aquellos que tienen por objeto las prestaciones sanitarias y de otra índole a las que deben poder acceder las personas en el proceso final de su vida: los cuidados paliativos integrales y el tratamiento del dolor, previendo específicamente el derecho a la sedación paliativa, incluso cuando ello pudiera implicar un acortamiento de la vida; el derecho a recibir tales cuidados paliativos en su domicilio o en otro lugar que designen, o, en caso de que requieran asistencia en régimen de internamiento hospitalario, que se les permita el acompañamiento de sus familiares, allegados y el auxilio espiritual que deseen, y el respeto a su intimidad personal y familiar, sometiendo estos últimos derechos a la compatibilidad con las medidas necesarias para una atención sanitaria de calidad.

Los preceptos contenidos en los Títulos II y III determinan el marco de actuación de los profesionales sanitarios y las obligaciones de las administraciones, así como los centros sanitarios y sociales concernidos, al objeto de dar satisfacción a los derechos recogidos en el Título I, todos ellos relacionados con el derecho del paciente a que se respete su voluntad, que se configura como mandato fundamental del personal sanitario y, en consecuencia, como clave de su seguridad jurídica y de su régimen de responsabilidad. A tal efecto, se prevén las garantías necesarias para que esa voluntad se configure de modo plenamente informado y para que los profesionales puedan acceder a la misma, así como el deber de limitar el esfuerzo terapéutico a la situación del paciente, evitando la obstinación terapéutica y dando plena cobertura a la disminución proporcional de ese esfuerzo en razón del bienestar del paciente, siempre con las garantías de decisión compartida por varios profesionales y de información al paciente y respeto a su voluntad.

Por último, las disposiciones adicionales determinan el carácter básico de la ley, así como ordenan las subsiguientes actuaciones necesarias de las Administraciones Públicas, en particular de las Administraciones sanitarias, para su desarrollo y aplicación. Por su parte, la disposición transitoria prevé el plazo para la dotación de habitaciones individuales. Las disposiciones finales adecuan a lo dispuesto en la ley la regulación de las instrucciones previas que se encontraba en el artículo 11 de la Ley 41/2002, de 14 de noviembre. Asimismo, la disposición final segunda contempla la habilitación normativa del Gobierno para dictar las disposiciones reglamentarias precisas para el desarrollo y ejecución de la ley.

TÍTULO PRELIMINAR

Disposiciones generales

Artículo 1. Objeto.

La presente ley tiene como objeto regular el ejercicio de los derechos de la persona ante el proceso final de su vida y los deberes de los profesionales que atienden a los pacientes que se encuentren en esta situación, así como las garantías para proteger la dignidad de la persona que las instituciones sanitarias y sociales estarán obligadas a proporcionar con respecto a ese proceso.

Artículo 2. Ámbito de aplicación.

Esta ley será de aplicación en el ámbito sanitario y social, tanto público como privado, de todo el territorio nacional, sin perjuicio de la normativa de desarrollo que, en su caso, establezcan las Comunidades Autónomas en el marco de sus propias competencias.

Igualmente, será de aplicación a todas las personas responsables de la toma de decisiones relacionadas con el proceso final de la vida, así como al personal sanitario y social implicado en la asistencia durante dicho proceso.

Asimismo, será de aplicación a las entidades aseguradoras o mutualidades que, en relación con el objeto de la presente ley, ofrezcan sus servicios en territorio español.

Artículo 3. Principios básicos.

Son principios básicos que inspiran esta ley:

a) La garantía del pleno respeto a la dignidad de la persona en el proceso del final de su vida.

b) La promoción de la libertad, la autonomía y la voluntad de la persona, de acuerdo con sus deseos, preferencias, creencias o valores, así como la preservación de su intimidad y confidencialidad.

c) La garantía de que el rechazo de un tratamiento por voluntad de la persona, o la interrupción del mismo, no suponga el menoscabo de una atención sanitaria integral y el respeto a la dignidad de la persona ante el proceso final de su vida.

d) La garantía del derecho de todas las personas a recibir cuidados paliativos integrales.

e) La igualdad efectiva y la ausencia de discriminación en el acceso a los servicios sanitarios en el proceso final de su vida, con independencia de su lugar de residencia en todo el territorio nacional.

f) Garantizar una atención sanitaria personalizada a través de la coordinación y cooperación entre los sistemas de salud y de servicios sociales, velando por la continuidad de los cuidados.

Artículo 4.   Definiciones.

A efectos de la presente ley, se entiende por:

a) Calidad de vida: La satisfacción individual ante las condiciones objetivas de vida desde los valores y las creencias personales; su contenido abarca no sólo el bienestar físico, sino también los aspectos psicológicos, socioeconómicos y espirituales.

b) Consentimiento informado: La conformidad libre, voluntaria y consciente de un paciente, manifestada en pleno uso de sus facultades después de recibir la información adecuada, para que tenga lugar una actuación que afecta a su salud.

c) Cuidados paliativos: El conjunto coordinado de acciones dirigido a la atención activa de los pacientes cuya enfermedad no responde al tratamiento curativo, siendo primordial el control del dolor y de otros síntomas, así como de los problemas psicológicos, sociales y espirituales. Los cuidados paliativos son interdisciplinares en su enfoque e incluyen al paciente, la familia y su entorno. Cubren las necesidades del paciente con independencia de donde esté siendo cuidado, ya sea en el centro sanitario o social o en su domicilio y tienen por objeto preservar la mejor calidad de vida posible hasta el final. Forma parte de la buena práctica médica.

d) Instrucciones previas: El documento por el cual una persona, mayor de edad, capaz y libre, manifiesta anticipadamente su voluntad, dentro de los límites legales, con objeto de que esta se cumpla en el momento en que llegue a situaciones en cuyas circunstancias no sea capaz de expresarla personalmente, sobre el tratamiento de su salud y los cuidados o, una vez llegado el fallecimiento, sobre el destino de su cuerpo o de los órganos del mismo.

e) Planificación anticipada de la atención: El proceso realizado por el paciente de manera conjunta con los profesionales que le atienden habitualmente, dirigido a planificar la atención futura, incluyendo educación, reflexión, comunicación y documentación sobre las consecuencias y posibilidades de diferentes tratamientos alternativos. Debe quedar constancia amplia en la historia clínica del paciente.

f) Adecuación del esfuerzo terapéutico: Retirar, ajustar o no instaurar un tratamiento cuando el pronóstico de vida limitada así lo aconseje. Es la adaptación de los tratamientos a la situación clínica del paciente. La adecuación del esfuerzo terapéutico supone aceptar la irreversibilidad de una enfermedad en la proximidad de la muerte y la conveniencia de abandonar las terapias que mantienen artificialmente la vida, manteniendo las de tipo paliativo. Forma parte de la buena práctica clínica y es una obligación moral y normativa de los profesionales.

g) Medidas de soporte vital: Toda intervención médica, técnica, procedimiento o medicación que se administra a un paciente para mantener sus constantes vitales, esté o no dicho tratamiento dirigido hacia la enfermedad de base o el proceso biológico causal. Se incluye entre ellas la ventilación mecánica o asistida, la nutrición forzada y la diálisis.

h) Médico responsable: El profesional que tiene a su cargo coordinar la información y la asistencia sanitaria del paciente, con el carácter de interlocutor principal del mismo en todo lo referente a su atención e información durante el proceso asistencial, sin perjuicio de las obligaciones de otros profesionales que participan en las actuaciones asistenciales.

i) Enfermero responsable: El profesional de enfermería que tiene a su cargo la coordinación de la información y asistencia sanitaria del paciente en el ámbito de su competencia profesional, sin perjuicio de las obligaciones de otros profesionales que participen en las actuaciones asistenciales.

j) Obstinación terapéutica y diagnóstica: Situación en la que a una persona que se encuentra en situación terminal o de agonía por una enfermedad grave e irreversible, se le inician o mantienen medidas de soporte vital o se le realizan otras intervenciones carentes de utilidad clínica real, desproporcionadas o extraordinarias, que únicamente permiten prolongar su vida biológica, sin concederle posibilidades reales de mejora o recuperación, siendo, en consecuencia, susceptibles de limitación. Constituye una mala práctica clínica y una falta deontológica.

k) Proceso final de la vida: Aquel en el que se encuentran las personas en situación terminal o de agonía como consecuencia de enfermedad o accidente.

- Se entiende por situación terminal aquella en la que el paciente presenta una enfermedad avanzada, incurable y progresiva, sin posibilidades razonables de respuesta al tratamiento específico, con un pronóstico de vida limitado a semanas o meses y en la que puedan concurrir síntomas que requieren una asistencia paliativa específica.

- Se entiende por situación de agonía la fase gradual que precede a la muerte y que se manifiesta clínicamente por un deterioro físico grave, debilidad extrema, trastornos cognitivos y de consciencia, dificultad de relación y de ingesta y pronóstico vital de pocos días.

Abarca también la situación similar en la que se encuentran las personas que han sufrido un accidente incompatible con la vida, con deterioro extremo y graves trastornos.

l) Representante: Persona mayor de edad en pleno ejercicio de su capacidad que emite el consentimiento por representación de otra, habiendo sido designada para tal función mediante una declaración de instrucciones previas o, de no existir esta, siguiendo las disposiciones legales vigentes en la materia.

m) Sedación paliativa: Administración de fármacos indicados, en las dosis y combinaciones requeridas, para reducir la consciencia de la persona en situación terminal o de agonía, para aliviar adecuadamente uno o más síntomas refractarios, previo consentimiento informado explícito en los términos establecidos en la ley.

n) Sedación en fase de agonía: Sedación paliativa indicada en la fase final del paciente en situación terminal o de agonía, con intención de alcanzar niveles de sedación profunda, hasta alcanzar una ausencia de respuesta a estímulos dolorosos.

ñ) Síntoma refractario: Aquel que no responde al tratamiento adecuado y que precisa, para ser controlado, reducir la consciencia de los pacientes.

o) Situación de imposibilidad de hecho para decidir: Situación en la que las personas carecen de entendimiento y voluntad suficientes para tomar decisiones relativas a su salud de forma autónoma, sin que necesariamente cuenten con previas medidas de apoyo voluntarias o judiciales.

p) Testamento vital: Equivale al documento de instrucciones previas.

q) Valores vitales: Conjunto de valores y creencias de una persona que dan sentido a su proyecto de vida y que sustentan sus decisiones y preferencias en los procesos de enfermedad y muerte.

TÍTULO I

Derechos de las personas ante el proceso final de su vida

Artículo 5. Derecho a la protección de la dignidad de las personas en el proceso final de la vida.

Todas las personas que se encuentran en el proceso final de su vida tienen derecho a la protección de su dignidad y a que se garantice el efectivo cumplimiento de los derechos reconocidos en la presente ley, en condiciones de igualdad y sin discriminación alguna. En particular, como manifestación del derecho a la integridad física y moral, se garantizará su derecho a decidir libremente sobre las intervenciones y el tratamiento a seguir en dicho proceso, incluidos los cuidados necesarios para evitar el dolor y el sufrimiento.

Artículo 6. Derecho a la información asistencial.

1. Las personas que se encuentren en el proceso final de la vida y, en su caso, quienes tienen la responsabilidad de tomar decisiones en dicho proceso, tienen derecho a recibir toda la información disponible sobre su estado real de salud, sus expectativas de vida y de calidad de la misma, y las medidas terapéuticas y paliativas que le resultarían aplicables en los términos establecidos en esta ley. Esta información deberá ser clara y comprensible para facilitar al paciente la toma de decisiones. Las personas vinculadas al mismo serán informadas únicamente en la medida en que éste lo permita. Dicha información que se le facilite al paciente, así como a terceras personas, debe quedar recogida en el historial clínico.

Este derecho a la información incluye también la planificación de la atención tal y como se define en el artículo 4 de esta ley.

2. Los pacientes a quienes se les diagnostique una enfermedad irreversible y progresiva en los que se prevea la posibilidad de un desenlace fatal en un medio o largo plazo, tienen derecho a ser informados prontamente sobre la posibilidad de realizar testamento vital o últimas instrucciones,

así como a establecer un plan anticipado de cuidados, a fin de que tales decisiones sean tomadas de forma reflexiva y con la anticipación suficiente. Dichas instrucciones o plan anticipado deberán de figurar en lugar visible en la historia clínica del paciente, tanto en su versión digital como en papel, de tal manera que cualquier profesional que acceda a ellas no pueda obviar su existencia.

3. Cuando, a pesar del explícito ofrecimiento de información asistencial por los profesionales sanitarios implicados en la atención de los pacientes, éstos rechacen voluntaria y libremente el ser informados, se respetará dicha decisión, haciéndoles ver la trascendencia de la misma, y se les solicitará que designen una persona que acepte recibir la información y tomar las decisiones en su representación. Dicha designación se hará por escrito a efectos de dejar constancia en la historia clínica de tal designación. En caso de rechazo como representante por la persona designada, se solicitará que el paciente señale otra, respetando el mismo procedimiento.

4. En el supuesto de imposibilidad del paciente para comprender la información a causa del estado físico o psíquico, esta será brindada, de la forma siguiente:

1.º Cuando la persona que se halla bajo atención sanitaria esté en situación de imposibilidad para la toma de decisiones, a criterio de su médico responsable, tanto la recepción de la información, como la prestación del consentimiento y, en su caso, la elección del domicilio para recibir cuidados paliativos integrales, a que se refiere el artículo 11.2, se realizarán, en este orden, por:

a) La persona designada específicamente a tal fin en el documento de instrucciones previas, o en otro documento idóneo a tenor del ordenamiento jurídico.

b) La persona que haya sido designada voluntaria o judicialmente para prestarle apoyo en la toma de decisiones relacionadas con su salud.

c) El cónyuge o la pareja de hecho que conviva con el paciente.

d) El hijo o la hija que sea mayor de edad. Si hubiese varios, serán preferidos los que convivían con la persona afectada y de mayor edad al menor.

e) Los familiares de grado más próximo.

f) En última instancia, quién decida la autoridad judicial.

2.º La situación de imposibilidad para la toma de decisiones no obsta para que los pacientes sean informados y participen en el proceso de toma de decisiones de modo adecuado a su grado de discernimiento.

3.º El ejercicio de los derechos de los pacientes que se encuentren en situación que les imposibilite o dificulte gravemente la toma de decisiones se hará siempre buscando su mayor beneficio y el respeto a su dignidad personal y valores vitales. Para la interpretación de la voluntad de los pacientes se tendrán en cuenta tanto sus deseos expresados previamente, como los que hubieran formulado presuntamente de encontrarse ahora en situación de capacidad. También se tendrá en cuenta el parecer del equipo sanitario responsable de su atención.

5. El paciente que se encuentra en el proceso final de su vida tendrá derecho a solicitar y disponer de una segunda opinión sobre los cuidados asistenciales y paliativos que puedan contribuir a su bienestar en el proceso final de la vida.

6. El derecho a la información sanitaria de los pacientes puede limitarse por la existencia acreditada de un estado de necesidad terapéutica. Se entiende por tal la facultad del médico para actuar profesionalmente sin informar antes a la persona enferma, cuando por razones objetivas el conocimiento de su propia situación pueda perjudicar su salud de modo grave. En ningún caso se aplicará esta excepción si el paciente se encuentra en situación terminal, salvo para medidas destinadas a aliviar el sufrimiento. Llegado este caso, el médico dejará constancia razonada de

las circunstancias en la historia clínica y comunicará su decisión a las personas vinculadas al paciente por razones familiares o de hecho.

Artículo 7. Derecho a la toma de decisiones y al consentimiento informado.

1. Las personas que se encuentren en el proceso final de la vida o que afronten decisiones relacionadas con dicho proceso tienen derecho a tomar decisiones respecto a las intervenciones sanitarias que les afecten, tanto directamente como a través de una declaración de voluntades anticipadas u otro tipo de instrucciones, previstas en la normativa vigente.

2. Sin perjuicio de lo dispuesto en el artículo 10, toda intervención en este ámbito requiere el previo consentimiento libre y voluntario de los pacientes, una vez que hayan recibido y valorado la información prevista en el artículo 6.

3. El consentimiento podrá ser verbal, por regla general, dejándose en todo caso constancia en la historia clínica, sin perjuicio de lo dispuesto en el artículo 8.2 de la Ley 41/2002, de 14 de noviembre.

Artículo 8. Derecho a otorgar instrucciones previas.

1. Toda persona mayor de edad tiene derecho a manifestar anticipadamente su voluntad sobre los cuidados y el tratamiento asistencial que desea recibir en el proceso final de su vida. Esta manifestación de voluntad podrá realizarse mediante documento público o en documento otorgado conforme a lo dispuesto en la normativa aplicable. En este último caso, el documento deberá ser inscrito en el Registro Nacional de Instrucciones Previas, previsto en el artículo 11 de la Ley 41/2002, de 14 de noviembre, para su eficacia en todo el territorio nacional.

Estas instrucciones deberán figurar en lugar visible en la historia clínica del paciente, tanto en su versión digital como en papel, de tal manera que los profesionales sanitarios implicados en el proceso asistencial del paciente no puedan obviar su existencia.

2. En las instrucciones previas, manifestadas en cualquiera de los instrumentos previstos en el apartado anterior, se podrá designar un representante y determinar sus funciones, a las que este deberá atenerse. El representante actuará siempre buscando el mayor beneficio y el respeto a la dignidad de la persona a la que represente. En todo caso velará para que, en las situaciones clínicas contempladas en la declaración, se cumplan las instrucciones que la persona a la que represente haya dejado establecidas.

3. Para la toma de decisiones en las situaciones clínicas no contempladas explícitamente en las instrucciones previas, a fin de presumir la voluntad que tendría la persona si estuviera en ese momento con capacidad de expresarla, quien la represente tendrá en cuenta los valores u opciones vitales recogidos en dichas instrucciones.

4. Las instrucciones previas podrán ser modificadas o revocadas por el paciente en cualquier momento mediante cualquiera de los medios previstos para su otorgamiento. En todo caso, cuando la persona que se encuentre en el proceso final de la vida conserve su aptitud para tomar decisiones, la voluntad manifestada durante dicho proceso prevalecerá sobre cualquier otra previa.

Artículo 9. Derecho al rechazo y a la retirada de una intervención.

1. Toda persona tiene derecho a rechazar el tratamiento, intervención o procedimiento propuestos por los profesionales sanitarios, incluyendo las medidas de soporte vital, tras un proceso de información y decisión libre, voluntaria y consciente, así como a revocar el consentimiento informado emitido respecto de una intervención concreta, lo que implicará necesariamente la interrupción de dicha intervención, aunque ello pueda poner en peligro su vida,

salvo en lo previsto, por razones de salud pública, en el artículo 9.2.a) de la Ley 41/2002, de 14 de noviembre.

2. El rechazo al tratamiento, intervención o procedimiento propuestos por los profesionales sanitarios y la revocación del consentimiento informado deberán constar por escrito. Si la persona no pudiere firmar, firmará en su lugar otra persona, que actuará como testigo a su ruego, dejando constancia de su identificación y del motivo que impide la firma de quien revoca su consentimiento informado. Todo ello deberá hacerse constar por escrito en la historia clínica del paciente.

3. El rechazo al tratamiento, intervención o procedimiento, o la decisión de interrumpirlos, en ningún caso supondrá menoscabo alguno en la atención sanitaria de otro tipo que se le dispense, especialmente en lo referido a la destinada a paliar el sufrimiento, aliviar el dolor y los otros síntomas, así como hacer más digno y soportable el proceso final de su vida.

Artículo 10. Ejercicio del derecho a la información asistencial y a la toma de decisiones por parte de las personas menores de edad.

1. Las personas menores de edad y, en todo caso, los representantes legales del menor, tienen derecho a recibir información sobre su enfermedad y sobre las propuestas terapéuticas de forma adaptada a su edad y a su capacidad de comprensión.

2. Tanto si son hospitalizadas como si no, las personas menores de edad que se encuentren en el proceso final de su vida tendrán derecho:

a) A ser atendidos, tanto en la recepción como en el seguimiento, de manera individual y, en lo posible, siempre por el mismo equipo de profesionales.

b) A estar acompañados el máximo tiempo posible, durante su permanencia en el hospital, de sus progenitores o de las personas que los sustituyan, quienes participarán como elementos activos de la vida hospitalaria o asistencia domiciliaria, salvo que ello pudiera perjudicar u obstaculizar la aplicación de los tratamientos oportunos.

c) A ser hospitalizados junto a otros menores, evitando en todo lo posible su hospitalización entre personas adultas.

3. Sin perjuicio de lo dispuesto en el apartado anterior, cuando el paciente menor de edad no sea capaz intelectual ni emocionalmente de comprender el alcance de la intervención, dará el consentimiento el representante legal del menor, después de haber escuchado su opinión, si tiene doce años cumplidos.

Cuando se trate de menores no incapaces ni incapacitados, pero emancipados o con dieciséis años cumplidos, no cabe prestar el consentimiento por representación.

4. Del mismo modo, asistirán a sus progenitores, tutores o guardadores legales los derechos siguientes:

a) A ser informados acerca del estado de salud del menor, sin perjuicio del derecho fundamental de estos últimos a su intimidad en función de su edad, estado afectivo y desarrollo intelectual.

b) A ser informados de las pruebas de detección o de tratamiento, que se considere oportuno aplicar al menor, y a dar su consentimiento previo para su realización en los términos previstos en los apartados anteriores. En caso de que no prestaran su consentimiento, será la autoridad judicial, previa prescripción facultativa, quien otorgará, en su caso, el consentimiento, primando siempre el bienestar de la persona menor de edad.

Artículo 11. Derecho a los cuidados paliativos de calidad.

1. Todas las personas que se encuentren en el proceso final de su vida tienen derecho a una atención integral, que prevenga y alivie el dolor y sus manifestaciones, incluida la sedación paliativa si el dolor, o cualquier otro síntoma, que produzca molestias severas, son refractarios al

tratamiento específico, aunque ello implique un acortamiento de su vida.

A efectos de garantizar el cumplimiento del precepto anterior, los centros sanitarios y sociales, públicos o privados, deberán disponer de medios para prestar cuidados paliativos integrales y de calidad a los pacientes que así lo soliciten, inclusive los menores de edad.

2. Asimismo, las personas que se encuentren en el proceso final de su vida, si así lo desean, tienen derecho a que estos cuidados paliativos integrales se les proporcionen bien en su centro sanitario o social o en su domicilio, siempre que esta opción no esté médicamente contraindicada.

Artículo 12. Derecho al acompañamiento.

1. Todas las personas, que se encuentren en el proceso final de su vida, que requieran permanecer ingresados en un centro sanitario o social, tienen derecho a que se les permita el acompañamiento de su entorno familiar, afectivo y social y/o por voluntarios de organizaciones sociales.

2. Asimismo, a las personas que se encuentren en el proceso final de su vida se les facilitará recibir, conforme a sus convicciones y sus creencias, asistencia espiritual o religiosa. Las indicaciones sobre este extremo podrán ser objeto de expresión en las instrucciones previas.

3. En caso de requerir sedación paliativa, las personas que se encuentren en el proceso final de su vida tienen derecho a despedirse de sus familiares allegados.

TÍTULO II

Deberes de los profesionales sanitarios que atiendan a personas en el proceso final de su vida

Artículo 13. Deberes respecto a la toma de decisiones clínicas y de respeto a la voluntad del paciente.

1. El personal sanitario responsable, antes de proponer cualquier intervención sanitaria a una persona en el proceso final de su vida, deberá asegurarse de que la misma

está clínicamente indicada, elaborando su juicio clínico al respecto, basándose en el estado de la ciencia, en la evidencia científica disponible, en su saber profesional, en su experiencia y en el estado clínico, gravedad y pronóstico de la persona afectada.

En el caso de que este juicio profesional concluya en la indicación de una intervención sanitaria, someterá entonces la misma al consentimiento libre y voluntario de la persona, que podrá aceptar la intervención propuesta, elegir libremente entre las opciones clínicas disponibles, o rechazarla, en los términos previstos en la presente Ley y en la Ley 41/2002, de 14 de noviembre.

2. Todos los profesionales sanitarios implicados en la atención de los pacientes tienen la obligación de respetar su voluntad y sus valores, creencias y preferencias en la toma de decisiones clínicas, en los términos previstos en la presente ley, en la Ley 41/2002, de 14 de noviembre, y en sus respectivas normas de desarrollo, debiendo abstenerse de imponer criterios de actuación basados en sus propias creencias y convicciones personales.

A los efectos previstos en el párrafo anterior, si el paciente se encontrase en situación de incapacidad, el personal sanitario responsable deberá consultar el Registro de las Comunidades Autónomas y, en su caso, el Registro Nacional de Instrucciones Previas, dejando constancia de dicha consulta en la historia clínica, y respetar la voluntad manifestada en él por el paciente.

3. En caso de contradicción entre lo manifestado por el paciente no incapacitado y por su representante, prevalecerá siempre la voluntad del primero, debiendo actuar los profesionales sanitarios conforme a la misma.

4. El cumplimiento de la voluntad manifestada por el paciente en la forma prevista en la presente ley, excluirá cualquier exigencia de responsabilidad por las

correspondientes actuaciones de los profesionales sanitarios dedicadas a dar cumplimiento a su voluntad.

Artículo 14. Deberes respecto a las personas que puedan hallarse en situación de incapacidad de hecho.

1. El médico responsable valorará si la persona que se halla bajo atención médica pudiera encontrarse en una situación que le impidiera decidir por sí misma. Tal valoración debe hacerse constar, adecuadamente, en la historia clínica. Para determinar dicha situación de incapacidad de hecho se evaluarán, entre otros factores que se estimen clínicamente convenientes, los siguientes:

a) Si tiene dificultades para comprender la información que se le suministra.

b) Si retiene defectuosamente dicha información, durante el proceso de toma de decisiones.

c) Si no utiliza la información de forma lógica, durante el proceso de toma de decisiones.

d) Si falla en la apreciación de las posibles consecuencias de las diferentes alternativas.

e) Si no logra tomar, finalmente, una decisión o comunicarla.

2. Para la valoración de estos criterios se deberá contar con la opinión de otros profesionales implicados, directamente, en la atención de los pacientes. La identidad de dichos profesionales y su opinión será registrada en la historia clínica. Asimismo, se podrá consultar a la familia con objeto de conocer su opinión.

3. Una vez establecida la situación de imposibilidad para la toma de decisiones, el médico responsable deberá hacer constar en la historia clínica los datos de quien deba actuar en representación de la persona, conforme a lo previsto en el artículo 6.4.

Artículo 15. Deberes respecto a la adecuación del esfuerzo terapéutico.

1. El médico responsable de cada paciente, en el ejercicio de una buena práctica clínica, adecuará el esfuerzo terapéutico, cuando la situación clínica lo aconseje, evitando la obstinación terapéutica. La justificación de la adecuación deberá hacerse constar en la historia clínica.

2. Dicha adecuación se llevará a cabo oído el criterio profesional del personal de enfermería responsable de los cuidados.

3. En cualquier caso, los profesionales sanitarios responsables de la atención al paciente, están obligados a ofrecerles aquellas intervenciones sanitarias necesarias para garantizar su adecuado cuidado y bienestar, y a respetar el consentimiento informado del paciente en los términos previstos en la presente ley.

4. Cuando los pacientes se encuentren en situación de sedación en fase de agonía se suspenderán todos aquellos tratamientos o medidas de soporte que no sean precisos para mantener el control de los síntomas, a fin de no alargar innecesariamente el sufrimiento.

TÍTULO III

Garantía de las Administraciones Públicas y de los centros e instituciones sanitarias y sociales

Artículo 16. Garantía de los derechos.

1. La Administración sanitaria, así como las instituciones recogidas en el artículo 2, deberán garantizar, en el ámbito de sus respectivas competencias, el ejercicio de los derechos establecidos en el Título I de la presente ley.

2. Las instituciones responsables de la atención directa deberán arbitrar los medios, para que los derechos de los pacientes no se vean mermados en ningún caso o eventualidad, incluida la ausencia del profesional o la profesional, así como cualquier otra causa sobrevenida.

Artículo 17. Modelo de instrucciones previas.

Las Administraciones sanitarias competentes dispondrán de un modelo de documento de instrucciones previas, con el objeto de facilitar a los otorgantes la correcta expresión de aquellas situaciones sobre las que quieran manifestar su voluntad, así como la adopción de criterios generales sobre la información a los pacientes en las materias reguladas por esta ley.

Artículo 18. Acompañamiento de los pacientes.

1. Los centros e instituciones facilitarán a las personas que se encuentren en el proceso final de su vida el acompañamiento de su entorno familiar, afectivo y social, compatibilizando este con el conjunto de medidas sanitarias necesarias, para ofrecer una atención de calidad a los pacientes.

2. Los centros e instituciones facilitarán, a petición de los pacientes, de las personas que sean sus representantes, o de sus familiares, el acceso de aquellas personas que les puedan proporcionar auxilio espiritual, conforme a sus convicciones y creencias, procurando, en todo caso, que las mismas no interfieran con las actuaciones del equipo.

3. Los centros y las instituciones facilitarán la participación del voluntariado, adscrito a organizaciones sociales sin ánimo de lucro, en el acompañamiento del paciente, sus familiares o personas cercanas que cuidan de la persona enferma, en el proceso final de la vida. El acompañamiento por voluntarios, solo, se realizará, si el paciente o sus representantes dan su consentimiento, y podrá darse en los centros sanitarios, sociales y/o en el domicilio del paciente.

Artículo 19. Apoyo a la familia y personas cuidadoras.

1. Los centros e instituciones prestarán apoyo y asistencia a las personas cuidadoras y familias de pacientes en el proceso final de la vida, tanto en su domicilio, como en los centros sanitarios y sociales.

2. Los centros e instituciones prestarán una atención en el duelo a la familia y a las personas cuidadoras y promoverán medidas para la aceptación de la muerte de un ser querido y la prevención de situaciones calificadas como de duelo patológico.

Artículo 20. Asesoramiento en cuidados paliativos.

1. Se garantizará a los pacientes en el proceso final de su vida asesoramiento sobre los objetivos de los cuidados paliativos que recibirán, de acuerdo con sus necesidades y preferencias.

2. Los centros sanitarios y sociales garantizarán la necesaria coordinación en la información y asesoramiento en cuidados paliativos entre los diferentes equipos de profesionales.

Artículo 21. Estancia en habitación individual.

Los centros e instituciones garantizarán a las personas en el proceso final de su vida, que requieran ser atendidos en régimen de hospitalización, una habitación individual durante su estancia, con el nivel de atención, cuidado e intimidad que requiere su estado de salud.

Artículo 22. Comités de Ética Asistencial.

En los casos de discrepancia entre los profesionales sanitarios y los pacientes o, en su caso, con quienes ejerciten sus derechos, o entre éstos y las instituciones sanitarias, en relación con la atención sanitaria prestada en el proceso final de su vida, que no se hayan podido resolver mediante acuerdo entre las partes, se solicitará asesoramiento al Comité de Ética Asistencial correspondiente, que podrá proponer alternativas o soluciones éticas a aquellas decisiones clínicas controvertidas.

Disposición adicional primera. Carácter de legislación básica.

1. La presente ley tiene la consideración de legislación básica, de conformidad con lo establecido en el artículo 149.1. 1.ª y 16.ª de la Constitución.

2. El Estado y las Comunidades Autónomas adoptarán, en el ámbito de sus respectivas competencias, las medidas necesarias para garantizar su aplicación y efectividad.

Disposición adicional segunda. Régimen sancionador.

Las infracciones de lo dispuesto por la presente ley quedan sometidas al régimen sancionador previsto en la normativa autonómica pertinente. Y en ausencia de esta, se aplicará lo previsto en el Capítulo VI del Título I de la Ley 14/1986, General de Sanidad, sin perjuicio de la responsabilidad civil o penal y de la responsabilidad profesional, administrativa o laboral procedentes en derecho.

Disposición adicional tercera. Cooperación y coordinación en la aplicación de la ley.

La Administración General del Estado promoverá la adopción de los instrumentos y mecanismos de cooperación y coordinación con las Comunidades Autónomas que garanticen el desarrollo y cumplimiento de lo previsto en esta ley.

Disposición adicional cuarta. Evaluación de la ley.

El Ministerio de Sanidad, Consumo y Bienestar Social, en colaboración con las Comunidades Autónomas, elaborará un informe con carácter anual que permita evaluar la aplicación y efectos de la presente ley. Para ello desarrollará, reglamentariamente, una lista de indicadores que habrán de registrarse obligatoriamente en todos los centros.

Disposición adicional quinta. Difusión de la ley.

La Administración General del Estado y las Comunidades Autónomas habilitarán los mecanismos oportunos, para dar la máxima difusión a la presente ley entre los profesionales sanitarios y la ciudadanía en general, así como para promover entre la misma la realización del documento de instrucciones previas.

Disposición adicional sexta. Eficacia de los cuidados paliativos.

Las Administraciones sanitarias, para el mejor cumplimiento de lo establecido en la presente ley en relación a la prestación de cuidados paliativos, procurarán una formación específica y continua a sus profesionales en su ámbito, y promoverán las medidas necesarias para disponer del número y dotación adecuados de unidades de cuidados paliativos, incluidas las unidades de cuidados paliativos infantiles, y equipos de soporte, tanto para su prestación en régimen de internamiento hospitalario como en asistencia domiciliaria.

Disposición adicional séptima. De las personas con discapacidad.

Cuando se trate de personas con discapacidad, se garantizarán los medios y recursos de apoyo, incluidas las medidas de accesibilidad y diseño universales que resulten precisas para que reciban la información, formen y expresen su voluntad, otorguen su consentimiento y se comuniquen e interactúen con el entorno de forma libre y autónoma.

Disposición transitoria. Plazo para la dotación de habitaciones individuales.

Las Administraciones competentes dispondrán del plazo de un año, a partir de la publicación de la presente ley, para dotarse de habitaciones individuales, a los efectos previstos en el artículo 21.

Disposición derogatoria única. Derogación normativa.

Quedan derogadas cuantas disposiciones de igual o inferior rango contravengan las contenidas en la presente ley.

Disposición final primera. Modificación de la Ley 41/2002, de 14 de noviembre, básica reguladora de la autonomía del paciente y de derechos y obligaciones en materia de información y documentación clínica.

Se modifica el artículo 11 de la Ley 41/2002, de 14 de noviembre, básica reguladora de la autonomía del paciente y de derechos y obligaciones en materia de información y documentación clínica, que queda redactado como sigue:

«Artículo 11. Instrucciones previas.

1. Por medio de las instrucciones previas, una persona mayor de edad, capaz y libre, manifiesta anticipadamente su voluntad, dentro de los límites legales, con objeto de

que esta se cumpla en el momento en que llegue a situaciones en cuyas circunstancias no sea capaz de expresarla personalmente, sobre el tratamiento de su salud y los cuidados o, una vez llegado el fallecimiento, sobre el destino de su cuerpo o de los órganos del mismo. Igualmente, podrá designar un representante y determinar sus funciones, a las que este deberá atenerse.

2. Las instrucciones previas serán válidas y eficaces en todo el territorio nacional cuando consten en documento público o, siempre que, otorgadas por escrito de acuerdo con lo establecido en la normativa autonómica aplicable, se inscriban en el Registro Nacional de Instrucciones Previas, dependiente del Ministerio de Sanidad, Consumo y Bienestar Social, que se regirá por las normas que reglamentariamente se determinen, previo acuerdo del Consejo Interterritorial del Sistema Nacional de Salud.

3. Las instrucciones previas serán libremente revocables por cualquiera de los medios previstos para su otorgamiento.

4. Cada servicio de salud regulará el procedimiento adecuado para que, llegado el caso, se garantice el cumplimiento de las instrucciones previas de cada persona, siempre que no contravengan el ordenamiento jurídico.»

Disposición final segunda.   Habilitación normativa.

Se habilita al Gobierno para dictar cuantas disposiciones reglamentarias sean precisas para el desarrollo y ejecución de lo dispuesto en la presente ley.

Disposición final tercera.   Entrada en vigor.

La presente ley entrará en vigor en el plazo de un mes a partir del día siguiente al de su publicación en el «Boletín Oficial del Estado».

ANEXO[III] Iniciativa legislativa autonómica relativa a la dignidad de la persona en el proceso de la muerte

Andalucía: (Ley 2/1998, de 15 de junio, de Salud de Andalucía)
Ley 2/2010, de 8 de abril, de derechos y garantías de la dignidad de la persona en el proceso de la muerte

Asturias:
Ley del Principado de Asturias 5/2018, de 22 de junio, sobre derechos y garantías de la dignidad de las personas en el proceso del final de la vida
Ley del Principado de Asturias 7/2019, de 29 de marzo, de Salud (también hace referencia a la dignidad de la persona en el proceso de muerte)

Aragón: (Ley 6/2002, de 15 de abril, de Salud de Aragón)
Ley de Derechos y Garantías de la Persona en el Proceso de Morir en 2011

Baleares: (Ley 5/2003, de 4 de abril, de Salud de las Illes Balears)
Ley 4/2015, de 23 de marzo, de derechos y garantías de la persona en el proceso de morir

Canarias: (Ley 11/1994, de 26 de julio, de Ordenación Sanitaria de Canarias)
Ley 1/2015, de 9 de febrero, de derechos y garantías de la dignidad de la persona ante el proceso final de su vida

Cantabria: (Ley 7/2002, de 10 de diciembre, de Ordenación Sanitaria de Cantabria)
No cuenta con una ley relativa a dignidad de la persona en el proceso de la muerte

Castilla y León: (Ley 8/2010, de 30 de agosto, de ordenación del sistema de salud de Castilla y León)
No cuenta con una ley relativa a dignidad de la persona en el proceso de la muerte. En 2019 se ha aprobado un proyecto de ley para la creación de la categoría de médico de cuidados paliativos

Castilla-La Mancha: (Ley 8/2000, de 30 de noviembre, de Ordenación Sanitaria de Castilla-La Mancha)

No cuenta con una ley relativa a dignidad de la persona en el proceso de la muerte

Cataluña: (Ley 7/2003, de 25 de abril, de Protección de la Salud)
No cuenta con una ley relativa a dignidad de la persona en el proceso de la muerte

Comunidad valenciana: (Ley 10/2014, de 29 de diciembre, de Salud de la Comunitat Valenciana)
Ley 16/2018, de 28 de junio, de la Generalitat, de derechos y garantías de la dignidad de la persona en el proceso de atención al final de la vida

Extremadura: (Ley 10/2001, de 28 de junio, de Salud de Extremadura)
No cuenta con una ley relativa a dignidad de la persona en el proceso de la muerte

Galicia: (Ley 8/2008, de 10 de julio, de salud de Galicia)
Ley 5/2015, de 26 de junio, de derechos y garantías de la dignidad de las personas enfermas terminales.

Madrid: (Ley 12/2001, de 21 de diciembre, de Ordenación Sanitaria de la Comunidad de Madrid)
Ley 4/2017, de 9 de marzo, de Derechos y Garantías de las Personas en el Proceso de Morir

Murcia: (Ley 4/1994, de 26 de julio, de Salud de la Región de Murcia)
No cuenta con una ley relativa a dignidad de la persona en el proceso de la muerte

Navarra: (Ley Foral 10/1990, de 23 de noviembre, de Salud)
No cuenta con una ley relativa a dignidad de la persona en el proceso de la muerte

País Vasco: (Ley 8/1997, de 26 de junio, de ordenación sanitaria de Euskadi)
Ley 11/2016, de 8 de julio, de garantía de los derechos y de la dignidad de las personas en el proceso final de su vida

La Rioja: (Ley 2/2002, de 17 de abril, de Salud)
No cuenta con una ley relativa a dignidad de la persona en el proceso de la muerte

Anexos

ANEXO IV Listado de referencias en internet sobre las fuentes de la despenalización de la eutanasia y el suicidio asistido en el marco internacional

	País	Tipo	Referencia
1	Australia	Ley, 2017	http://www.legislation.vic.gov.au/Domino/ Web_Notes/ LDMS/ PubStatbook.nsf/ f932b66241ecf1b7ca256e92000e23be/ B320E209775D253CCA2581ED00114C60/ %24FILE/17-061aa%20authorised.pdf
			https://es.globalvoices.org/2017/12/11/ victoria-es-el-primer -estado- australiano-en-aprobar- legislacion-de-muerte-asistida/
2	Bélgica	Ley, 2002	http://www.ejustice.just.fgov.be/cgi/ article_body.pl?language=nl&pub_date=2002-06-22&numac=2002009590&caller=summary
		Ley, 20014	http://www.patientsrightscouncil.org/site/belgium/
			http://www.ethical-perspectives.be/ viewpic.php?TABLE=EP&ID=59
3	Colombia	Ley, 2015	http://leyes.senado.gov.co/proyectos/images/documentos/ Textos%20Radicados/ proyectos%20de%20ley/2015%20-%202016/PL%20030-15%20EUTANASIA.pdf
4	Canadá	Ley, 2016	https://en.wikipedia.org/wiki/Euthanasia_in_Canada
			https://www.canada.ca/en/health-canada/services/ medical-assistance-dying.html
5	Corea del Sur	Ley, 2018	http://koreanlii.or.kr/w/index.php/Euthanasia?ckattempt=1
6	Holanda	Ley, 2001	https://www.government.nl/topics/euthanasia
		Artículo	Delines, L. *The euthanasia law in Belgium and the Netherlands*. The Lancet. Volumen 362, Num 9391, P1239-1240, 11 october 2003
7	Luxemburgo	Ley, 2009	http://sante.public.lu/fr/publications/e/euthanasie-assistance-suicide-questions-reponses-fr-de-pt-en/euthanasie-assistance-suicide-questions-en.pdf
8	Suiza	Sentencia, 2016	https://en.wikipedia.org/wiki/Euthanasia_in_Switzerland
9	Uruguay	Ley, 2009	https://legislativo.parlamento.gub.uy/temporales/ leytemp7442753.htm
10	USA		
	1.California	Ley, 2015	https://leginfo.legislature.ca.gov/faces/ billNavClient.xhtml?bill_id=201520162AB15
	2.Colorado	Ley, 2016	https://www.deathwithdignity.org/states/colorado/
	3.Montana	Sentencia, 2010	https://www.deathwithdignity.org/states/montana/
	4.New Jersey	Ley, 2019	https://www.deathwithdignity.org/wp-content/uploads/ 2015/10/2018-NJ-A-1504.pdf
	5.Oregon	Ley, 1997	https://www.oregon.gov/oha/PH/ PROVIDERPARTNERRESOURCES/ EVALUATIONRESEARCH / DEATHWITHDIGNITYACT /Documents/statute.pdf
			https://www.oregon.gov/oha/ph/providerpartnerresources/ evaluationresearch/ deathwithdignityact/pages/faqs.aspx
	6.Vermont	Ley, 2013	http://www.leg.state.vt.us/docs/2014/Acts/ACT039.pdf
			https://www.deathwithdignity.org/states/vermont/
	7.Washington	Ley, 2009	https://apps.leg.wa.gov/ rcw/ default.aspx?cite=70.245

ANEXO ⱽ **Artículo 3 de la Ley 41/2002, de 14 de noviembre, básica reguladora de la autonomía del paciente y de derechos y obligaciones en materia de información y documentación clínica**

Artículo 3. Las definiciones legales.

A efectos de esta Ley se entiende por:

Centro sanitario: el conjunto organizado de profesionales, instalaciones y medios técnicos que realiza actividades y presta servicios para cuidar la salud de los pacientes y usuarios.

Certificado médico: la declaración escrita de un médico que da fe del estado de salud de una persona en un determinado momento.

Consentimiento informado: la conformidad libre, voluntaria y consciente de un paciente, manifestada en el pleno uso de sus facultades después de recibir la información adecuada, para que tenga lugar una actuación que afecta a su salud.

Documentación clínica: el soporte de cualquier tipo o clase que contiene un conjunto de datos e informaciones de carácter asistencial.

Historia clínica: el conjunto de documentos que contienen los datos, valoraciones e informaciones de cualquier índole sobre la situación y la evolución clínica de un paciente a lo largo del proceso asistencial.

Información clínica: todo dato, cualquiera que sea su forma, clase o tipo, que permite adquirir o ampliar conocimientos sobre el estado físico y la salud de una persona, o la forma de preservarla, cuidarla, mejorarla o recuperarla.

Informe de alta médica: el documento emitido por el médico responsable en un centro sanitario al finalizar cada proceso asistencial de un paciente, que especifica los datos de éste, un resumen de su historial clínico, la actividad asistencial prestada, el diagnóstico y las recomendaciones terapéuticas.

Intervención en el ámbito de la sanidad: toda actuación realizada con fines preventivos, diagnósticos, terapéuticos, rehabilitadores o de investigación.

Libre elección: la facultad del paciente o usuario de optar, libre y voluntariamente, entre dos o más alternativas asistenciales, entre varios facultativos o entre centros asistenciales, en los términos y condiciones que establezcan los servicios de salud competentes, en cada caso.

Médico responsable: el profesional que tiene a su cargo coordinar la información y la asistencia sanitaria del paciente o del usuario, con el carácter de interlocutor principal del mismo en todo lo referente a su atención e información durante el proceso asistencial, sin perjuicio de las obligaciones de otros profesionales que participan en las actuaciones asistenciales.

Paciente: la persona que requiere asistencia sanitaria y está sometida a cuidados profesionales para el mantenimiento o recuperación de su salud.

Servicio sanitario: la unidad asistencial con organización propia, dotada de los recursos técnicos y del personal cualificado para llevar a cabo actividades sanitarias.

Usuario: la persona que utiliza los servicios sanitarios de educación y promoción de la salud, de prevención de enfermedades y de información sanitaria.

ANEXO [VI] Ley Orgánica 15/1999, de 13 de diciembre, de Protección de Datos de Carácter Personal.

Artículo 3. Definiciones.

A los efectos de la presente Ley Orgánica se entenderá por:

a) Datos de carácter personal: cualquier información concerniente a personas físicas identificadas o identificables.

b) Fichero: todo conjunto organizado de datos de carácter personal, cualquiera que fuere la forma o modalidad de su creación, almacenamiento, organización y acceso.

c) Tratamiento de datos: operaciones y procedimientos técnicos de carácter automatizado o no, que permitan la recogida, grabación, conservación, elaboración, modificación, bloqueo y cancelación, así como las cesiones de datos que resulten de comunicaciones, consultas, interconexiones y transferencias.

d) Responsable del fichero o tratamiento: persona física o jurídica, de naturaleza pública o privada, u órgano administrativo, que decida sobre la finalidad, contenido y uso del tratamiento.

e) Afectado o interesado: persona física titular de los datos que sean objeto del tratamiento a que se refiere el apartado c) del presente artículo.

f) Procedimiento de disociación: todo tratamiento de datos personales de modo que la información que se obtenga no pueda asociarse a persona identificada o identificable.

g) Encargado del tratamiento: la persona física o jurídica, autoridad pública, servicio o cualquier otro organismo que, sólo o conjuntamente con otros, trate datos personales por cuenta del responsable del tratamiento.

h) Consentimiento del interesado: toda manifestación de voluntad, libre, inequívoca, específica e informada, mediante la que el interesado consienta el tratamiento de datos personales que le conciernen.

i) Cesión o comunicación de datos: toda revelación de datos realizada a una persona distinta del interesado.

j) Fuentes accesibles al público: aquellos ficheros cuya consulta puede ser realizada, por cualquier persona, no impedida por una norma limitativa o sin más exigencia que, en su caso, el abono de una contraprestación.

Tienen la consideración de fuentes de acceso público, exclusivamente, el censo promocional, los repertorios telefónicos en los términos previstos por su normativa específica y las listas de personas pertenecientes a grupos de profesionales que contengan únicamente los datos de nombre, título, profesión, actividad, grado académico, dirección e indicación de su pertenencia al grupo. Asimismo, tienen el carácter de fuentes de acceso público los diarios y boletines oficiales y los medios de comunicación.

ANEXO [VII] **Ley Orgánica 10/1995, de 23 de noviembre, del Código Penal (Art. 143) en comparación con (Art. 409 Ley 44/1971)**

LIBRO II

Delitos y sus penas

TÍTULO PRIMERO

Del homicidio y sus formas

Artículo 138

1. El que matare a otro será castigado, como reo de homicidio, con la pena de prisión de diez a quince años.

2. Los hechos serán castigados con la pena superior en grado en los siguientes casos:

a) cuando concurra en su comisión alguna de las circunstancias del apartado 1 del artículo 140, o

b) cuando los hechos sean además constitutivos de un delito de atentado del artículo 550.

....

Artículo 143

1. El que induzca al suicidio de otro será castigado con la pena de prisión de cuatro a ocho años.

2. Se impondrá la pena de prisión de dos a cinco años al que coopere con actos necesarios al suicidio de una persona.

3. Será castigado con la pena de prisión de seis a diez años si la cooperación llegara hasta el punto de ejecutar la muerte.

4. El que causare o cooperare activamente con actos necesarios y directos a la muerte de otro, por la petición expresa, seria e inequívoca de éste, en el caso de que la víctima sufriera una enfermedad grave que conduciría necesariamente a su muerte, o que produjera graves padecimientos permanentes y difíciles de soportar, será castigado con la pena inferior en uno o dos grados a las señaladas en los números 2 y 3 de este artículo.

El Artículo 143 de la Ley Orgánica 10/1995 modifica el Artículo 409 de la Ley 44/1971

DECRETO 3096/1973, de 14 de septiembre, por el que se publica el Código Penal, texto refundido conforme a la Ley 44/1971, de 15 de noviembre.

LIBRO II

Delitos y sus llenas

TITULO VIII

Delitos contra las personas

CAPITULO PRIMERO

DEL HOMICIDIO

405. El que mataré a su padre, madre o hijo, o a cualquiera otro de sus ascendientes o descendientes legítimos o ilegítimos, o a su cónyuge, será castigado, como parricida, con la pena de reclusión mayor a muerte.

406. Es reo de asesinato el que matare a una persona concurriendo alguna de las circunstancias siguientes:

1º. Con alevosía

2º. Por precio, recompensa o promesa.

3º Por medio de inundación, incendio. veneno o explosivo.

4º. Con premeditación conocida.

5º. Con ensañamiento, aumentando deliberada e inhumanamente el dolor del ofendido.

El reo de asesinato será castigado con la pena de reclusión mayor a muerte.

407. El que matare a otro será castigado, como homicida, con la pena de reclusión menor.

408. Cuando riñendo varios y acometiéndose entre sí confusa y tumultuariamente hubiere resultado' muerte y no constare su autor, pero si los que hubieren causado lesiones graves, serán éstos castigados con la pena de prisión mayor.

No constando tampoco los que hubieren causado lesiones graves al ofendido, se impondrá a todos los que hubieren ejercido violencias en' su persona la de prisión menor.

409. El que prestare auxilio o induzca a otro para que se suicide será castigado con la pena de prisión mayor; si se lo prestare hasta el punto de ejecutar él mismo la muerte será castigado con la pena de reclusión menor.

ANEXO VIII **Artículo 11. Instrucciones previas. Ley 41/2002, de 14 de noviembre, básica reguladora de la autonomía del paciente y de derechos y obligaciones en materia de información y documentación clínica.**

EXPOSICIÓN DE MOTIVOS

....

A partir de dichas premisas, la presente Ley completa las previsiones que la Ley General de Sanidad enunció como principios generales. En este sentido, refuerza y da un trato especial al derecho a la autonomía del paciente. En particular, merece mención especial la regulación sobre instrucciones previas que contempla, de acuerdo con el criterio establecido en el Convenio de Oviedo, los deseos del paciente expresados con anterioridad dentro del ámbito del consentimiento informado. Asimismo, la Ley trata con profundidad todo lo referente a la documentación clínica generada en los centros asistenciales, subrayando especialmente la consideración y la concreción de los derechos de los usuarios en este aspecto.

....

Artículo 11. Instrucciones previas

1. Por el documento de instrucciones previas, una persona mayor de edad, capaz y libre, manifiesta anticipadamente su voluntad, con objeto de que ésta se cumpla en el momento en que llegue a situaciones en cuyas circunstancias no sea capaz de expresarlos personalmente, sobre los cuidados y el tratamiento de su salud o, una vez llegado el fallecimiento, sobre el destino de su cuerpo o de los órganos del mismo. El otorgante del documento puede designar, además, un representante para que, llegado el caso, sirva como interlocutor suyo con el médico o el equipo sanitario para procurar el cumplimiento de las instrucciones previas.

2. Cada servicio de salud regulará el procedimiento adecuado para que, llegado el caso, se garantice el

cumplimiento de las instrucciones previas de cada persona, que deberán constar siempre por escrito.

3. No serán aplicadas las instrucciones previas contrarias al ordenamiento jurídico, a la «lex artis», ni las que no se correspondan con el supuesto de hecho que el interesado haya previsto en el momento de manifestarlas. En la historia clínica del paciente quedará constancia razonada de las anotaciones relacionadas con estas previsiones.

4. Las instrucciones previas podrán revocarse libremente en cualquier momento dejando constancia por escrito.

5. Con el fin de asegurar la eficacia en todo el territorio nacional de las instrucciones previas manifestadas por los pacientes y formalizadas de acuerdo con lo dispuesto en la legislación de las respectivas Comunidades Autónomas, se creará en el Ministerio de Sanidad y Consumo el Registro nacional de instrucciones previas que se regirá por las normas que reglamentariamente se determinen, previo acuerdo del Consejo Interterritorial del Sistema Nacional de Salud.

ANEXO [IX] **Real Decreto 124/2007, de 2 de febrero, por el que se regula el Registro nacional de instrucciones previas y el correspondiente fichero automatizado de datos de carácter personal**

TEXTO

La Ley 41/2002, de 14 de noviembre, básica reguladora de la autonomía del paciente y de derechos y obligaciones en materia de información y documentación clínica, regula en su artículo 11 el documento de instrucciones previas al que define como aquel mediante el cual una persona mayor de edad, capaz y libre, manifiesta anticipadamente su voluntad, para que esta se cumpla en el momento en que llegue a situaciones en cuyas circunstancias no sea capaz de expresarlo personalmente, sobre los cuidados y el tratamiento de su salud o, una vez llegado el fallecimiento, sobre el destino de su cuerpo o de sus órganos.

El documento de instrucciones previas constituye, pues, la expresión del respeto a la autonomía de las personas que, de este modo, pueden decidir sobre aquellos cuidados y tratamientos que desean recibir o no en el futuro si se encuentran ante una determinada circunstancia o, una vez llegado el fallecimiento, sobre el destino de su cuerpo o de sus órganos. No solo permite al paciente influir en las futuras decisiones asistenciales, sino que facilita a los profesionales de la salud la toma de decisiones respetuosas con la voluntad del enfermo cuando este no tiene ya capacidad para decidir por sí mismo.

El artículo 11 de la Ley 41/2002, de 14 de noviembre, establece en su apartado 2 que cada servicio de salud regulará el procedimiento adecuado para que, llegado el caso, se garantice el cumplimiento de las instrucciones previas de cada persona que deberán constar siempre por escrito. Son ya varias las comunidades autónomas que han establecido normas que regulan sus registros de instrucciones previas.

La efectividad de este derecho del paciente exige que el documento de instrucciones previas, independientemente del lugar en el que haya sido formalizado, pueda ser conocido precisa y oportunamente por los profesionales de la salud a los que, en su momento, corresponda la responsabilidad de la asistencia sanitaria que deba prestársele. Por esta razón, el mencionado artículo 11 de la Ley 41/2002, de 14 de noviembre, en su apartado 5, dispone que, para asegurar la eficacia en todo el territorio nacional de las instrucciones previas manifestadas por los pacientes y formalizadas de acuerdo con lo dispuesto en la legislación de las respectivas comunidades autónomas, se creará en el Ministerio de Sanidad y Consumo el Registro nacional de instrucciones previas, que se regirá por las normas que reglamentariamente se determinen, previo acuerdo del Consejo Interterritorial del Sistema Nacional de Salud.

El carácter personal de los datos que ha de contener este registro y su fichero automatizado determina que quedarán plenamente sujetos a lo establecido en la Ley Orgánica 15/1999, de 13 de diciembre, de Protección de Datos de Carácter Personal, y a las medidas de seguridad que impone la citada Ley Orgánica y sus reglamentos de desarrollo.

Respecto de este real decreto ha adoptado el correspondiente acuerdo favorable el Consejo Interterritorial del Sistema Nacional de Salud.

En su virtud, a propuesta de la Ministra de Sanidad y Consumo, con la aprobación previa del Ministro de Administraciones Públicas, de acuerdo con el Consejo de Estado y previa deliberación del Consejo de Ministros en su reunión del día 2 de febrero de 2007,

DISPONGO:

Artículo 1. Creación y adscripción del Registro nacional de instrucciones previas.

Se crea, adscrito al Ministerio de Sanidad y Consumo a través de la Dirección General de Cohesión del Sistema Nacional de Salud y Alta Inspección, el Registro nacional de instrucciones previas, en el que se recogerán las inscripciones practicadas en los registros autonómicos, conforme a lo previsto en el artículo 11.5 de la Ley 41/2002, de 14 de noviembre, básica reguladora de la autonomía del paciente y de derechos y obligaciones en materia de información y documentación clínica.

Artículo 2. Objeto y finalidad.

1. La inscripción en el Registro nacional de instrucciones previas asegura la eficacia y posibilita el conocimiento en todo el territorio nacional de las instrucciones previas otorgadas por los ciudadanos que hayan sido formalizadas

de acuerdo con lo dispuesto en la legislación de las comunidades autónomas.

2. El Registro nacional de instrucciones previas tiene por objeto la constatación, salvo prueba en contrario, de:

a) La existencia de instrucciones previas inscritas en los distintos registros autonómicos únicos en los que estarán registradas con sus contenidos.

b) La localización y fecha de inscripción de la declaración que haya realizado la persona otorgante, así como de la eventual modificación, sustitución o revocación de su contenido, cualquiera que sea el registro autonómico en el que hayan sido inscritas.

c) El contenido de las instrucciones previas.

Artículo 3. Procedimiento registral.

1. Inscritas las instrucciones previas en el correspondiente registro autonómico, el encargado de este lo comunicará al Registro nacional de instrucciones previas, por vía telemática y dentro de los siete días siguientes a la inscripción efectuada; a tal efecto, dará traslado de los datos e información mínima que se recogen en el anexo, así como de la copia del documento de instrucciones previas registrado que se remitirá por la citada vía telemática.

2. Recibida la comunicación telemática de los datos e información mínima a que se refiere el apartado anterior, se procederá a su inscripción, así como a la de la copia del documento de instrucciones previas en el Registro nacional de instrucciones previas, y se notificará el acto de inscripción y registro al registro autonómico, en el término de siete días, por el mismo procedimiento telemático. Cuando la información mínima resulte incompleta o se apreciara algún defecto subsanable, se procederá a la inscripción provisional y se requerirá al registro autonómico para que subsane la ausencia de aquellos datos en el plazo que se le señale, que no será superior a

15 días. Transcurrido el referido plazo sin suplir la omisión o corregir el defecto advertido, se denegará la inscripción sin más trámites, sin perjuicio de su eficacia transitoria y provisional hasta ese momento.

Artículo 4. Acceso al Registro nacional de instrucciones previas.

1. Se encuentran legitimados para acceder a los asientos del Registro nacional:

a) Las personas otorgantes de las instrucciones previas inscritas en él.

b) Los representantes legales de las personas otorgantes o los que a tal efecto hubieran sido designados de manera fehaciente por estas.

c) Los responsables acreditados de los registros autonómicos.

d) Las personas designadas por la autoridad sanitaria de la comunidad autónoma correspondiente o por el Ministerio de Sanidad y Consumo.

2. La persona otorgante de instrucciones previas o, en su caso, sus representantes legales o los designados en el documento registrado ejercerán su derecho de acceso mediante la presentación de la oportuna solicitud escrita al encargado del registro quien, previa comprobación de la identidad del peticionario, procederá a expedir la oportuna certificación acreditativa.

3. Los responsables de los registros autonómicos y las personas designadas por la autoridad sanitaria de la comunidad autónoma y por el Ministerio de Sanidad y Consumo podrán acceder al Registro nacional de instrucciones previas a través de comunicación telemática, previa solicitud del facultativo que estuviese tratando al otorgante. A tal efecto, deberán disponer de un certificado de clase 2 CA emitido por la Fábrica Nacional de Moneda y Timbre-Real Casa de la Moneda o de un certificado de firma electrónica reconocida, emitido por un prestador de

servicios de certificación homologado, conforme a las prescripciones sectoriales y a la legislación de firma electrónica. A tal fin, se establece un sistema que garantice técnicamente la identificación de la persona destinataria de la información, la integridad de la comunicación, la disponibilidad las 24 horas del día, la conservación de la información comunicada y la confidencialidad de los datos.

4. Las personas designadas por las autoridades sanitarias de las comunidades autónomas podrán acceder al Registro nacional de instrucciones previas a través de sus respectivos registros autonómicos, en la forma que en cada caso se determine.

5. Las personas que, en razón de su cargo u oficio, accedan a cualquiera de los datos del Registro nacional de instrucciones previas están sujetas al deber de guardar secreto.

Artículo 5. Fichero automatizado.

1. Para facilitar el conocimiento de la existencia y localización de las inscripciones de los documentos de instrucciones previas realizadas en todo el territorio nacional, el Ministerio de Sanidad y Consumo, mediante orden ministerial, creará el fichero automatizado de datos de carácter personal denominado Registro nacional de instrucciones previas, con arreglo a lo establecido en la Ley Orgánica 15/1999, de 13 de diciembre, de Protección de Datos de Carácter Personal.

2. La unidad encargada del Registro nacional de instrucciones previas adoptará las medidas necesarias para garantizar la confidencialidad, la seguridad y la integridad de los datos comprendidas en el Reglamento de medidas de seguridad de los ficheros automatizados que contengan datos de carácter personal, aprobado por el Real Decreto 994/1999, de 11 de junio, así como las necesarias para hacer efectivos los derechos de las

personas afectadas regulados en la Ley Orgánica 15/1999, de 13 de diciembre, y disposiciones que la desarrollan.

Disposición adicional primera. Remisión de información por las comunidades autónomas.

A la entrada en vigor del este real decreto, las comunidades autónomas deberán remitir al Registro nacional de instrucciones previas todas las inscripciones efectuadas en los registros autonómicos, así como las copias de los documentos de instrucciones previas, y cumplimentarán la información mínima que se recoge en el anexo.

Disposición adicional segunda. Extensión del ámbito de la norma a las ciudades autónomas.

Las referencias a las comunidades autónomas se entenderán también realizadas a las Ciudades de Ceuta y Melilla en el marco de sus competencias.

Disposición transitoria única. Otorgamiento de instrucciones previas en comunidades autónomas que no han regulado el procedimiento.

1. Cuando una comunidad autónoma no haya regulado el procedimiento al que se refiere el artículo 11.2 de la Ley 41/2002, de 14 de noviembre, la persona que desee otorgar instrucciones previas o, en su caso, su representante legal o la persona designada a tal efecto, en el propio documento, por el otorgante, las presentará ante la autoridad sanitaria de dicha comunidad autónoma, la cual en el plazo y condiciones fijados en el artículo 3 de este real decreto deberá remitirlas al Registro nacional para su inscripción provisional, el cual notificará dicha inscripción provisional a la comunidad autónoma correspondiente.

2. En estos casos, tales instrucciones previas y los documentos que las acompañen quedarán en depósito y bajo la custodia del Registro nacional hasta tanto se cree el correspondiente registro autonómico.

3. Creado ese registro, el Registro nacional de instrucciones previas le hará entrega de las instrucciones y documentos en él depositados conforme lo dispuesto en el apartado anterior y, al propio tiempo, notificará a los interesados esta entrega. El registro autonómico, por su parte, comunicará al Registro nacional, en el plazo de siete días, la inscripción efectuada, y tomará carácter definitivo en este la inscripción que, en su momento, se realizó provisionalmente.

4. En lo que se refiere a estas inscripciones, el acceso al Registro nacional de instrucciones previas se sujetará a lo dispuesto en el artículo 4.

Disposición final primera. Título competencial.

Este real decreto se dicta al amparo de lo dispuesto en el artículo 149.1.1.ª y 16.ª de la Constitución Española y en desarrollo de lo dispuesto en el artículo 11.5 de la Ley 41/2002, de 14 de noviembre, básica reguladora de la autonomía del paciente y de derechos y obligaciones en materia de información y documentación clínica.

Disposición final segunda. Facultad de desarrollo.

Se faculta al Ministro de Sanidad y Consumo para dictar, en el ámbito de su competencia, las disposiciones necesarias para la aplicación y ejecución de lo establecido en este real decreto.

Disposición final tercera. Entrada en vigor.

El presente real decreto entrará en vigor a los nueve meses de su publicación en el «Boletín Oficial del Estado».

Dado en Madrid, el 2 de febrero de 2007.
JUAN CARLOS R.
La Ministra de Sanidad y Consumo,
ELENA SALGADO MÉNDEZ

ANEXO

Información mínima que deben trasladar las comunidades autónomas al Registro nacional una vez realizada la inscripción de un documento de instrucciones previas

Comunidad autónoma.

Unidad responsable del registro autonómico.

Persona autorizada que comunica la inscripción.

Fecha y hora.

Datos del documento inscrito:

Denominación:
Declaración vital anticipada
Documento de voluntades anticipadas
Expresión de la voluntad con carácter previo
Expresión anticipada de voluntades
Documento de voluntades vitales anticipadas
Documento de instrucciones previas
Otras

Identificación del declarante:
Nombre y apellidos
Sexo
DNI o pasaporte
N.º tarjeta sanitaria o código de identificación personal
Fecha de nacimiento
Nacionalidad
Domicilio (ciudad, calle, número)
N.º de teléfono

Identificación del representante:
Nombre y apellidos
DNI o pasaporte
Domicilio (ciudad, calle, número)
N.º de teléfono

Datos de la inscripción:
Registro donde se ha realizado
Fecha de inscripción
Localización del documento

Modalidad de la declaración:
Primer documento
Modificación (alteración parcial del contenido del documento ya inscrito sin privación total de sus efectos)
Sustitución (privación de efectos al documento ya inscrito y otorgamiento de uno nuevo en su lugar)
Revocación (privación total de efectos del documento ya inscrito sin otorgar otro en su lugar)
En el caso de que exista ya otra declaración, se consignarán también los datos de la inscripción primitiva

Formalización de la declaración:
Ante notario
Ante testigos
Ante la Administración

Materia de la declaración:
Cuidados y tratamiento
Destino del cuerpo del otorgante o de los órganos una vez fallecido
Sobre ambos aspectos
Copia del documento de instrucciones previas inscrito en el registro autonómico

ANEXO [X] Normativa autonómica relativa a las Instrucciones previas o voluntades anticipadas. Ordenado por Comunidad Autónoma: cronológicamente por la norma de mayor rango que aparece en cada una de estas

Ley 21/2000, de 29 de diciembre, sobre los derechos de información relativos a la salud, la autonomía del paciente y la documentación clínica de la Comunidad Autónoma de Cataluña

Decreto 175/2002, de 25 de junio, sobre el Registro de Voluntades Anticipadas en Cataluña

Ley 3/2001, de 28 de mayo, reguladora del consentimiento informado y de la historia clínica de los pacientes modificada por la Ley 3/2005, de 7 de marzo de Galicia
Decreto 159/2014, de 11 de diciembre, que establece la organización y funcionamiento del Registro gallego de Instrucciones Previas sobre cuidados y tratamiento de la salud

Ley 6/2002, de 15 de abril, de Salud de Aragón
Decreto 100/2003, de 6 de mayo, del Gobierno de Aragón, se aprueba el Reglamento de Organización y del Registro de Voluntades Anticipada

La Ley 7/2002, de 10 de diciembre, de Ordenación Sanitaria de Cantabria
Decreto 139/2004, de 5 de diciembre, por el que se crea y regula el Registro de Voluntades Previas de Cantabria

Ley 7/2002, de 12 de diciembre, de las voluntades anticipadas en el ámbito de la sanidad de la Comunidad Autónoma del País Vasco
Decreto 270/2003, de 4 de noviembre, del Gobierno Vasco, por el que se crea el Registro de Voluntades Anticipadas

Ley 8/2003, de 8 de abril, sobre derechos y deberes de las personas en relación con la salud de la Comunidad Autónoma de Castilla y León
Decreto 30/2007, de 22 de marzo, que regula el documento de Instrucciones Previas en el ámbito sanitario de Castilla y León

Ley 3/2005, de 23 de mayo, por la que se regula el ejercicio del derecho a formular instrucciones previas en el ámbito sanitario y se crea el registro correspondiente de la Comunidad Autónoma de Madrid

Decreto 101/2006, de 16 de noviembre, del Consejo de Gobierno, por el que se regula el Registro de Instrucciones Previas de la Comunidad de Madrid
Orden 2191/2006, de 18 de diciembre, por el que se regula el Registro de Instrucciones Previas

Ley 6/2005, de 7 de julio, sobre la Declaración de Voluntades Anticipadas en materia de la propia salud de la Comunidad Autónoma de Castilla La Mancha
Decreto 15/2006, de 21 de febrero, del Registro de Voluntades Anticipadas de Castilla La Mancha

Decreto 80/2005, 19 de julio, que aprueba el Reglamento de Instrucciones Previas y su Registro de la Comunidad Autónoma de Murcia

Ley 9/2005, de 30 de septiembre, reguladora del documento de instrucciones previas en el ámbito de la sanidad de la Comunidad Autónoma de La Rioja
Decreto 30/2006, de 19 de mayo, por el que se regula el Registro de Instrucciones Previas de La Rioja. Posteriormente, se aprobó la Orden 8/2006, de 26 de julio, de la Consejería de Salud, sobre la forma de otorgar documento de instrucciones previas ante personal de la Administración.

Ley 3/2005, de 8 de julio, de información sanitaria y autonomía del paciente de la Comunidad Autónoma de Extremadura

Decreto 311/2007, de 15 de octubre, por el que se regula el contenido, la organización y el funcionamiento del Registro de Expresión anticipada de Voluntades de la Comunidad Autónoma de Extremadura y se crea el Fichero Automatizado de datos de carácter personal del citado Registro

Decreto 13/2006, de 8 de febrero, por el que se regulan las manifestaciones anticipadas de voluntades en el ámbito sanitario y la creación de su correspondiente registro de la Comunidad Autónoma de Canarias y que desarrolla, en esta materia, la Ley 11/1994, de 26 de julio, de Ordenación Sanitaria de Canarias

Ley 1/2006, de 3 de marzo, de voluntades anticipadas de la Comunidad Autónoma de Islas Baleares
Decreto 58/2007, de 27 de abril, de ampliación de la Ley de voluntades anticipadas y del Registro de Voluntades Anticipadas de las Islas Baleares

Decreto 4/2008, de 23 de enero, de Organización y Funcionamiento del Registro del Principado de Asturias de Instrucciones Previas en el ámbito sanitaria
Resolución de 29 de abril de 2008, de la Consejería de Salud y Servicios Sanitarios, que desarrolla y ejecuta el citado Decreto

Ley 5/2003, de 9 de octubre, de declaración de Voluntad Vital Anticipada, de la Comunidad de Andalucía
Decreto 59/2012, de 13 de marzo, que regula la organización y funcionamiento del Registro de Voluntades Vitales Anticipadas de Andalucía

Ley Foral 17/2010, 8 de noviembre, Derechos y deberes de las personas en materia de salud en la Comunidad Foral de Navarra
Decreto Foral 140/2003, de 16 de junio, por el que se regula el Registro de Voluntades Anticipadas de la Comunidad Autónoma de Navarra

Ley 10/2014, de 29 de diciembre, de Salud de Valencia
Decreto 168/2004, de 10 de septiembre, de la Consellería de Sanidad, que regula el documento de voluntades anticipadas y crea el Registro centralizado de Voluntades Anticipadas de la Comunidad Valenciana

ANEXO XI Ley Orgánica 10/1995, de 23 de noviembre, del Código Penal (Aplicación de las penas, Arts. 61 a 71)

LIBRO I Disposiciones generales sobre los delitos, las personas responsables, las penas, medidas de seguridad y demás consecuencias de la infracción penal

TÍTULO III De las penas

CAPÍTULO II De la aplicación de las penas

Sección 1.ª Reglas generales para la aplicación de las penas

Artículo 61.

....

Artículo 70.

1. La pena superior e inferior en grado a la prevista por la ley para cualquier delito tendrá la extensión resultante de la aplicación de las siguientes reglas:

1.ª La pena superior en grado se formará partiendo de la cifra máxima señalada por la ley para el delito de que se trate y aumentando a ésta la mitad de su cuantía, constituyendo la suma resultante su límite máximo. El límite mínimo de la pena superior en grado será el máximo de la pena señalada por la ley para el delito de que se trate, incrementado en un día o en un día multa según la naturaleza de la pena a imponer.

2.ª La pena inferior en grado se formará partiendo de la cifra mínima señalada para el delito de que se trate y deduciendo de ésta la mitad de su cuantía, constituyendo el resultado de tal deducción su límite mínimo. El límite máximo de la pena inferior en grado será el mínimo de la pena señalada por la ley para el delito de que se trate, reducido en un día o en un día multa según la naturaleza de la pena a imponer.

2. A los efectos de determinar la mitad superior o inferior de la pena o de concretar la pena inferior o superior en grado, el día o el día multa se considerarán indivisibles y

actuarán como unidades penológicas de más o menos, según los casos.

....

Artículo 71.

1. En la determinación de la pena inferior en grado, los jueces o tribunales no quedarán limitados por las cuantías mínimas señaladas en la ley a cada clase de pena, sino que podrán reducirlas en la forma que resulte de la aplicación de la regla correspondiente.

2. No obstante, cuando por aplicación de las reglas anteriores proceda imponer una pena de prisión inferior a tres meses, ésta será en todo caso sustituida por multa, trabajos en beneficio de la comunidad, o localización permanente, aunque la ley no prevea estas penas para el delito de que se trate, sustituyéndose cada día de prisión por dos cuotas de multa o por una jornada de trabajo o por un día de localización permanente.

Artículo 72. Los jueces o tribunales, en la aplicación de la pena, con arreglo a las normas contenidas en este capítulo, razonarán en la sentencia el grado y extensión concreta de la impuesta.

ANEXO [XII] (**Bestard JJ. La Asistencia Sanitaria Pública. Diaz de Santos. Madrid 2015**) (págs. 81, 159 y 246)

(página 81)

"La mejor aportación al derecho y a la salud es la claridad conceptual. El camino de la mejora se sustenta en trabajo bien hecho. Los derechos subjetivos no nacen de las leyes para el mero ejercicio de dogmática jurídica, sino para beneficiar a la sociedad y a todas las personas que la componen. Los parlamentos, fuentes de derecho, están configurados por diputados que a su vez son políticos y estos representan la voluntad popular y sus corrientes ideológicas. Su trabajo es básicamente regular la vida de las personas mediante leyes, es decir, son los que redactan los textos legales y quienes mediante su aprobación y posterior publicación las convierten en derechos subjetivos, lo cual nos lleva a entender que las leyes son un reflejo de lo político. Sin embargo, el reflejo de lo político no debería descansar en la redacción literal de las leyes sino en su fin y en su efectividad, o efecto buscado en la sociedad, lo cual evitaría en muchas ocasiones leyes blancas o derechos vacíos de contenido. El poder legislativo también debe atender a la esencia de su función y a la aplicación de la técnica legislativa para trasponer a ley lo que la voluntad política de la mayoría del parlamento, una ley deficientemente redactada ocasiona graves problemas a la sociedad y a las personas."

(página 159)
"Es decir, siendo las leyes documentos de reflejo político no pueden convertirse, precisamente por esto, en meras proclamaciones retóricas sin reflejo real en las relaciones del ciudadano con los poderes públicos o no pueden sustituir, en técnica legislativa, Textos refundidos con fuerza de ley, aprobados por Decreto Legislativos, cuando la pretensión es aclarar o simplificar lo ya existe en otras leyes. Para las proclamaciones meramente políticas existen los libros, los ensayos, los medios de comunicación y los púlpitos políticos como vías de transmisión más eficaces y adecuadas a tales fines."

(página 246)
"La fuente más relevante es la Ley y la crea el Parlamento, salvo en casos especiales el poder ejecutivo mediante Decretos-Leyes siendo luego convalidados o transformados en leyes por los parlamentos. Estos parlamentos están y deben estar conformados por los representantes del pueblo mediante sus votos. Así pues, los que hacen las leyes son los representantes de la sociedad constituidos en Parlamentos o instituciones similares y en ellas depositan sus principios. Sin embargo, esta soberanía que es un ejemplo de la importancia de la forma y de la formalidad estricta en

democracia, no puede ser arbitraria y se debe al derecho de Estado o a las Constituciones o a las costumbres de los países, dependiendo en donde nos encontremos.

La redacción de las leyes se debe a una técnica jurídica y a unos principios legislativos. Aunque la soberanía popular lo es todo, lo puede todo y lo legitima todo, es así solo cuando lo que se pretenda sea una cosa posible, real y cierta. En otras palabras, lo imposible no es modificable por la voluntad popular ni por sus expresiones, por ejemplo, no es posible modificar la esencia de las cosas.

Una de las bases de los derechos de las personas es que estos deben poder ser exigibles, deben poder desplegar su poder y deben gozar de efectividad. Tener derecho a algo no exigible o imposible, no es útil para la persona y en consecuencia los Parlamentos o instituciones en donde se deposita la fuente de derecho deben someterse al imperio del sentido común, de lo cierto, de lo posible, de lo real y de la eficiencia legislativa"

ANEXO [XIII] Definition of Palliative Care by European Association for Palliative Care (https://www.eapcnet.eu/)

Palliative care is the active, total care of people whose disease is not responsive to curative treatment. Management of pain, of other symptoms, and of social, psychological and spiritual problems is paramount. Palliative care is interdisciplinary in its approach and encompasses the patient, the family and the community in its scope. In a sense, palliative care is to offer the most basic concept of care – that of providing for the needs of the patient wherever he or she is cared for, either at home or in the hospital. Palliative care affirms life and regards dying as a normal process; it neither hastens nor postpones death. It sets out to preserve the best possible quality of life until death.

www.ingramcontent.com/pod-product-compliance
Lightning Source LLC
Chambersburg PA
CBHW070628220526
45466CB00001B/123